L_n^{27} 18198.

La Perséverance.

Journal d'un Artiste.

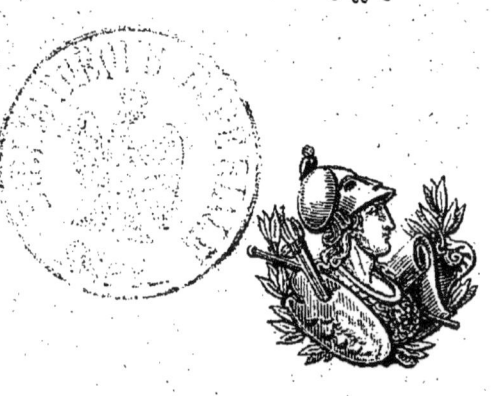

❧ PARIS ❧
IMPRIMERIE ET FONDERIE DE A. PINARD,
QUAI VOLTAIRE, 15.

1836.

LA PERSÉVÉRANCE,

Journal d'un Artiste.

Paris, 1836.

LA PERSÉVÉRANCE,

Journal d'un Artiste.

I

J'ai cédé à ma vocation. A l'exemple de mes aïeux j'ai cultivé les arts, et sans autre guide que mon imagination, je suis parvenu à me créer une réputation dont je suis glorieux, parce qu'elle repose sur des découvertes utiles.

C'est à Toulouse que j'ai pris naissance, à Toulouse qui n'a jamais été dominé par ce goût mercantile qui rétrécit l'esprit et empêche le développement du génie.

Bien jeune encore, actif, laborieux, ardent, plus peut-être qu'on ne l'est dans les départemens méridionaux, il ne me manquait que l'occasion de mettre en pratique les talens dont la nature m'avait doué.

J'avais quinze ans : c'était l'âge de la dissipation. Loin de m'y livrer, et sans consulter mes parens, je songeai à me faire admettre dans les ateliers de l'arsenal qui venait d'être fondé à Toulouse. Sans autre réflexion, je me rendis auprès de M. Trempol, commandant d'artillerie, qui venait d'être nommé directeur, et je fus admis en qualité de tourneur mécanicien, non sans avoir subi un examen que ma jeunesse paraissait au directeur difficile à soutenir. Je dois dire que son accueil bienveillant fortifia mon courage, et que si je fus autorisé à me rendre au travail dès le lendemain, ce fut à la condition que mes parens n'y mettraient nul obstacle.

Je rentrai auprès de ma mère, de mon excellente mère ; je lui rendis compte de la démarche que je venais de faire, et du succès que j'avais obtenu auprès du digne chef sous les ordres duquel je m'étais volontairement placé. Son adhésion ne se fit pas attendre ; et nous

nous rendîmes aussitôt ensemble auprès du commandant, qui, dans la réception qu'il nous fit, nous montra un intérêt dont mes souvenirs sont encore pleins.

Un second examen m'était réservé : c'était celui d'un contre-maître. Moins confiant en mon habileté que le chef dont nous dépendions tous les deux, peu rassuré par mon extrême jeunesse, supposant en moi, sinon de l'inaptitude au travail, du moins une grande inexpérience, il me regarda avec quelque pitié; je ne m'en affectai pas. Modeste comme on l'est ou comme on doit l'être à quinze ans, je me bornai à l'assurer de ma bonne volonté et à lui demander sa protection et sa bienveillance, heureux de pouvoir me perfectionner à son école. Content de ma soumission, il se rendit à mes vœux. Dès lors rassuré sur ses dispositions, je donnai l'essor à mon amour-propre naissant, et je demandai avec confiance à travailler sur un ouvrage quelconque, pourvu qu'il ne fût pas au-dessus de mes forces physiques, promettant de ne rien négliger pour justifier la faveur à laquelle il venait de m'appeler ; car dans mon opinion, c'était une faveur de devenir en quelque sorte le collaborateur d'hommes placés dans une position spéciale.

Ma franchise et mon ton d'assurance me firent obtenir de ce chef, d'abord sévère, et qui depuis m'a rendu complète justice, des témoignages d'amitié dont je m'attachai à me rendre digne par ma bonne conduite, mon assiduité à mes devoirs et mon zèle à cultiver les arts utiles et à leur faire faire des progrès.

Mon application et ma persévérance nuisirent beaucoup à ma santé. Animé du désir de bien faire, entraîné par mon penchant au travail, je ne consultais pas toujours mes forces ; elles s'affaiblirent, et après environ deux ans employés dans les ateliers, cédant aux conseils des médecins et à l'influence de ma famille, je dus, le 2 floréal an III, me séparer de mes camarades et abandonner une carrière que j'avais parcourue avec autant de goût que de succès[1].

Rendu à la vie privée, je dus songer à mon avenir. Il ne suffit pas de cultiver les arts,

---

Xe DIVISION MILITAIRE. — Artillerie.

DIRECTION DE TOULOUSE.

CERTIFICAT D'EMPLOI.

Toulouse, le 13 floréal an 7 de la République française, une et indivisible.

Darodes, chef de brigade, directeur de l'artillerie,

Atteste que le sieur Jean-François Saget, tourneur-mécanicien, natif de Toulouse (Haute-Garonne), a travaillé dans les ateliers de l'arsenal de Toulouse depuis le 26 pluviôse an Ier jusqu'au 2 floréal an III, et qu'il a rempli ses devoirs avec zèle et intelligence.

En foi de quoi je lui ai délivré le présent.

Signé, Darodes.

Vu par le commissaire des guerres, chargé de la police de l'artillerie,

Signé, Fray.

il faut aussi s'occuper de réunir les moyens de s'assurer une position sociale.

Mon père avait travaillé à la facture des instrumens à vent. Il s'était élevé à la hauteur de son époque, mais ce n'était pas assez. Les arts devaient suivre la marche, le développement de la civilisation, et des perfectionnemens devenaient indispensables. Je me rappelai les leçons que mon père m'avait données, je me mis à l'œuvre et je me livrai à des recherches, que je suivais avec d'autant plus d'émulation que j'y trouvais occasion de satisfaire mon goût pour la musique. J'eus ainsi toutes les facilités possibles de me mettre en rapport avec les artistes les plus distingués de France. Tous encouragèrent mes essais ; ces essais m'amenèrent à reconnaître que le son produit par les flûtes et les clarinettes, instrumens que je fabriquais de préférence, laissait beaucoup à désirer. J'étudiai avec méthode ces deux instrumens, je cherchai à découvrir quels seraient les moyens de les rendre plus sonores, de mieux les appliquer aux accompagnemens, et après bien des sacrifices de temps et d'argent, il fut démontré pour moi que jusqu'ici le bois avait été mal choisi, que pour la clarinette il fallait employer le buis du Levant et pour la flûte le grenadille. Enfin, je suppléai à l'insuffisance des clés : ainsi grâce à mes études, les notes purent être coulées avec facilité, et les accompagnemens de la clarinette à l'orchestre purent avoir lieu dans tous les tons sans avoir besoin de changer d'instrument.

C'est dans le cours de sept années, de 1802 à 1809, qui furent employées par moi à préparer et à appliquer cette innovation, que je fis successivement des essais. Les artistes de la ville de Bordeaux, où j'étais venu fixer ma résidence, rendirent justice à mon procédé, ils reconnurent tous les avantages à en attendre; mais eux, de même que les amateurs, eurent de leur côté des difficultés à vaincre avant de le mettre en pratique; car l'addition indispensable de plusieurs clés ne pouvait manquer de rendre le doigté plus laborieux qu'il ne l'était auparavant.

Ces essais à Bordeaux ne suffisaient pas à mon ambition d'artiste. Je n'ai jamais eu l'étroite pensée de me circonscrire dans une localité. Toujours guidé par l'amour de la gloire et non par un étroit calcul, par ce froid égoïsme qui dessèche l'ame au lieu de l'élever, je voulus généraliser ma découverte. Je connaissais la réputation du célèbre Lefebvre, alors première clarinette à l'Opéra et professeur en chef au Conservatoire de musique. Je lui fis l'envoi d'une clarinette de mon invention et de ma façon, et je le priai de me dire avec franchise ce qu'il pensait et de mon instrument et des innovations que j'avais conçues. Je réclamai ses conseils comme un service à rendre à l'art et à moi. Après un silence d'un mois et demi, cet habile professeur s'expliqua sur mon invention, et s'il prit tout ce temps pour se prononcer, ce fut sans doute parce qu'il voulait en bien connaître les effets et ne pas aventurer son opinion. Toujours est-il que sa réponse fut positive, que non seulement elle ne laissait pas de doutes sur la supériorité de l'instrument, mais encore qu'elle indiquât assez qu'en 1809, j'étais arrivé à la perfection, ce qui démontre encore que les clarinettes fabriquées aujourd'hui et qui se trouvent chez les divers luthiers, ne sont que des copies plus ou moins élégantes du modèle qui leur sert de type [1].

---

[1] Paris, le 15 septembre 1809.

Monsieur,

J'ai voulu m'assurer de l'effet de votre instrument avant de le faire voir : il est très bien fait et très juste. Votre invention est précieuse pour l'art et les amateurs ; je vous en fais mon compliment.

Après les vacances, dans lesquelles nous sommes en ce

Les artistes et les amateurs ont entendu, sur la clarinette, le musicien Müller, qui vint en France en 1815. Lorsqu'il se présenta au Conservatoire avec une clarinette à treize clés, il eut à démontrer aux professeurs de cette époque, la supériorité de l'instrument qu'il avait adopté. Il donna l'assurance qu'avec lui seul, il pouvait exécuter toute la musique

---

moment, je m'occuperai spécialement de ce dont vous me priez dans votre lettre, relativement au Conservatoire.

Votre très humble serviteur.

Signé, X. LEFÈVRE,
Professeur en chef au Conservatoire de musique.

Lyon, le 16 novembre 1810.

Monsieur SAGET, *à Bordeaux.*

Par des rapports dignes de foi, je sais, Monsieur, que vous avez un très beau talent en facture. L'on m'a parlé des innovations que vous avez faites à la clarinette, et je sais que notre maître à tous, M. Xavier Lefèvre, les a parfaitement accueillies. En conséquence, je vous prie, Monsieur, de me

possible; et, néanmoins, tel était l'empire de l'habitude, qu'il passa à leurs yeux pour un charlatan, jusqu'à ce qu'il se fût fait entendre et admirer dans plusieurs concerts. Force fût alors de céder à l'évidence et de lui rendre justice.

M. Dacosta, musicien de la Chapelle, fit usage du même instrument avec non moins de

---

faire une clarinette en *si*, avec son corps en *la*, et avec toutes les augmentations que vous avez si habilement découvertes. Je ne vous recommande pas cet instrument pour la justesse, parce que je suis persuadé que cela est inutile avec vous, et que vous ferez pour le mieux.

Je désire, autant que cela vous sera possible, que vous me fassiez des becs en bois de grenadille plutôt qu'en ébène ; mais, je vous le répète, ce sera tout autant que cela ne vous contrariera pas. Ce que je vous recommande essentiellement, c'est que les becs ne soient pas trop menus à la bouche.

J'attends avec beaucoup d'impatience votre réponse, et je suis votre très humble serviteur.

Signé, Mocker,
première clarinette du Grand-Théâtre.

succès. Il vint se faire entendre à Bordeaux, sa patrie. Il y reçut tous les éloges que méritait son beau talent. Comme amateur et comme artiste, cette apparition fut un double bonheur pour moi; car, à celui de l'admirer, venait se joindre celui, plus positif, de prouver aux routiniers le mérite et l'opportunité de mes innovations; de prouver, de plus, aux ennemis du progrès, que mon procédé avait obtenu la priorité et avait été mis en pratique avant même que les étrangers eussent conçu la pensée d'apporter leur talent en France. De telle sorte qu'il restait évidemment démontré que d'autres facteurs s'étaient exercés sur mes seuls modèles.

A peu près à la même époque, M. Müller vint à Bordeaux. Ce fut une des villes où il demeura le plus long-temps, et ce fut à moi qu'il fit sa première visite. Il s'établit entre nous une intimité dont j'étais glorieux, je l'avoue, et dans nos rapports continus et d'une mutuelle bienveillance, nous fîmes diverses expériences sur son instrument ; nous nous attachâmes même à y faire des modifications et des changemens utiles. Nous allâmes jusqu'à passer ensemble des journées entières, toujours employées à arriver à la complète égalité des tons. Nous y parvînmes.

Mon système pour baisser les notes du haut et élever celles du bas, soit pour la partie de la main gauche, soit pour la partie de la main droite, fut adopté par les musiciens de Paris. Cette fois au moins fut abandonnée la prévention, trop accréditée en France, que les artistes étrangers doivent avoir la préférence sur les nôtres. Ceux-ci sont ingénieux et inventifs ; c'est incontestable. On peut, tout au plus, leur faire le reproche de ne pas persévérer jusqu'à la perfection, et de laisser à nos voisins le soin des améliorations et de l'exploitation de notre industrie. Mais ce reproche ne saurait m'être appliqué ; car je n'ai jamais été arrêté par les difficultés, quoique j'aie manqué de ces hauts encouragemens que les artistes dévoués à leur pays ne devraient pas attendre de leurs importunes sollicitations. Si j'ai cédé à l'entraînement de mon imagination, si j'ai varié et multiplié mes essais en tous genres, ce n'est point par inconstance, mais bien pour doter mon pays de nombreuses découvertes, en les conduisant toutes à bonne fin, en donnant à toutes le cachet de la nationalité.

Le travail a toujours été pour moi un besoin, même un sujet de distractions utiles. Si je me suis livré et si je me livre encore avec ardeur aux conceptions d'un intérêt général, quelquefois aussi je cède à des goûts, en apparence frivoles. Des hommages à rendre, des services à reconnaître, des tributs à payer à l'amitié, tels sont mes motifs. J'en citerai quelques exemples dans le cours de ces Essais, que je rédige, non pour satisfaire ma vanité, mais pour l'instruction de mes enfans, et pour leur faciliter les moyens de régler leur conduite dans la carrière qu'ils parcoureront après moi. Heureux ! si les exemples que je leur lègue les avertissent assez qu'il ne faut pas toujours abandonner sa confiance et vivre dans l'espérance d'une amélioration de position en dehors des calculs positifs.

Si jamais fonctionnaire fut convenablement placé, ce fut bien M. Pierre Pierre, commissaire général de police, dont l'arrivée à Bordeaux fut précédée d'une honorable réputation. Tout à la fois bon administrateur et protecteur éclairé des sciences et des arts, il fut bientôt généralement aimé et estimé, et les maisons les plus recommandables se disputèrent l'honneur de l'accueillir. Philantrope, spirituel, bon, généreux, charitable, telles étaient ses qualités privées. Dans mon enthousiasme, idolâtre comme la multitude, il me vint dans la pensée de travailler pour lui. Je choisis pour sujet un ouvrage allégorique à la gloire de Napoléon

Bonaparte, alors premier consul. Cet ouvrage, en ivoire et à la main, me coûta trois mois de soins. Après l'avoir achevé, j'en fis hommage à ce magistrat. Il le reçut avec bienveillance, ce qu'atteste assez la lettre en retour qu'il me fit l'honneur de m'adresser et dont voici les termes :

Bordeaux, le 22 ventôse an XII.

Le Commissaire-général de police,
Au citoyen Saget, artiste.

Citoyen,

Je suis on ne peut plus charmé du précieux envoi que vous venez de me faire, ainsi que de la lettre obligeante qui l'accompagne. Un ouvrage aussi ingénieux et aussi parfait ne peut que flatter le magistrat à qui il est offert, en même temps qu'il met le sceau à la réputation de son auteur. Ami des arts, j'accepte votre hommage avec reconnaissance, et je vous prie d'agréer mes sincères remercîmens.

Salut affectueux.

Signé, P. Pierre.

Mais cet homme de bien, mais cet homme généreux, mais ce protecteur des beaux-arts ne m'offrit pas même l'occasion de lui prouver que j'avais été heureux de faire quelque chose digne de ses hautes qualités. Il fut juste envers d'autres; c'en est assez pour effacer en moi le souvenir de son erreur.

Je continuais mes distractions en ce genre, lorsque M. le prince Cambacérès, archi-chancelier de l'empire, vint présider à Bordeaux le collége électoral. J'étais alors sur le point de terminer un second chef-d'œuvre de tour. Ce travail, d'une difficulté extraordinaire, faisait l'admiration des amateurs; c'était une colonne arabesque, en ivoire, de dix-huit pouces de hauteur et d'une seule pièce; la tige du centre était de la grosseur d'un crin, dans son étendue, et de six lignes en six lignes des vases et des urnes étaient tournés et pris dans la même pièce; les moulures de ces différens dessins étaient en proportion avec leurs formes, et pour donner une idée de la légèreté de la tige verticale, il suffit de dire qu'elle était toujours agitée et semblait chercher son équilibre sur une pointe. J'avais renfermé cette colonne dans un étui en ébène fendu du haut en bas par le centre. Trois anneaux en ivoire, placés à égales distances, maintenaient l'éculement de l'étui. Il ne fallait que retirer les anneaux pour mettre ce travail à découvert. Un fût de colonne en ivoire et en ébène, avec un socle en mêmes matières, étaient disposés pour la recevoir lorsqu'on voulait la placer sur un meuble.

M. Charles de Lacroix, ancien ministre des relations extérieures, alors préfet de la Gironde, que j'avais souvent occasion de voir chez M. Declerck, receveur-général, m'engagea à faire hommage de ce petit chef-d'œuvre à M. Cambacérès qui, selon lui, était protecteur des arts et grand dans sa munificence. Je me laissai aller et, recommandé par M. le préfet, je présentai mon travail au prince républicain qui, après l'avoir soigneusement examiné, me manifesta sa reconnaissance en promettant de ne pas m'oublier. M. d'Aigrefeuille, l'ami, le commensal inséparable du prince, me fit de son côté les plus beaux complimens sur mon ouvrage, et m'assura qu'il ne manquerait pas de me rappeler au souvenir de son amphytrion, si, ce qu'il était loin de croire, ce dernier venait à en avoir besoin. Vingt-huit ans se sont écoulés, et je n'attends plus ni les faveurs du prince ni l'effet des promesses de son commensal, tous les deux ayant emporté dans la tombe le souvenir qui les liait envers moi. Pauvres artistes! reposez-vous donc sur des espérances.

Dans ma franchise d'artiste, je ne veux passer sous silence aucune des circonstances qui peuvent faire connaître les études auxquelles je me livrais successivement.

Après avoir donné à la clarinette tout le développement auquel il était possible d'atteindre ; après avoir justifié jusqu'à quel point j'étais parvenu à élever l'art du tourneur, il me vint dans la pensée de travailler à un genre plus noble, celui de la sculpture, qui, il faut bien le dire, m'avait séduit dans mon enfance, que j'avais négligé depuis, et pour lequel je n'avais fait nulle étude sérieuse.

Je venais de perdre un ami. M. Beck, organiste et compositeur, dont le beau talent avait été admiré en France et à l'étranger avait terminé sa glorieuse carrière. J'étais bien jeune comparativement à lui, mais il aimait les arts, et c'est ce qui nous avait rapprochés.

Je ne puis m'empêcher de donner ici quelques traits de la vie de cet homme modèle. Un épisode devient même nécessaire, car il amène et justifie mon début dans la sculpture.

M. Beck vivait dans l'intimité de M. le duc de Richelieu, quand ce dernier résidait à Bordeaux. Des personnes dignes de foi assurent que c'était lui qui faisait les honneurs du salon. Il contribuait, par son beau talent, à donner de l'éclat aux soirées musicales. La musique n'était pas moins belle que celle de nos jours, et ceux qui la pratiquaient avaient, sur leurs successeurs, l'avantage d'être admis auprès des puissans de l'époque, et de recevoir ainsi des encouragemens qui font un égal honneur à celui qui les donne et à celui qui les a mérités.

M. Beck n'était pas seulement un excellent musicien, il avait de l'esprit, de l'instruction; il se livrait à l'étude de la chimie, à laquelle il s'attachait à faire faire des progrès. Il n'était pas sans influence auprès de son Mécène; il savait s'en servir à propos.—M. le duc faisait, en quelque sorte, bourse commune avec l'ami de son adoption, et souvent il en recevait des preuves de générosité. Il est vrai de dire qu'il n'y avait nul intermédiaire entre eux, et que le bienfait ne passait pas par des mains infidèles.

M. le duc de Richelieu mettait, dans ses rapports avec M. Beck, des procédés qui manifestaient sa grande ame et le besoin d'être généreux sans blesser la délicatesse de celui qui en était l'objet. Ils faisaient ensemble la partie. Le noble duc jouait négligemment, perdait et payait, et il y mettait une telle adresse, qu'il était difficile de s'apercevoir de son intention. De nos jours, où tout est froid calcul, l'artiste qui serait accueilli, s'il aventurait ses économies, s'exposerait à les perdre. Et cependant, dans ses mains, c'est de l'argent bien placé ; car, loin de thésauriser, il le répand au profit des arts, ceux qui les professent ayant généralement du penchant à la libéralité.

Telle était alors la réputation de M. Beck qu'il avait plus d'élèves qu'il ne pouvait en instruire. Ses leçons étaient payées 25 francs, et lorsqu'il devait se rendre à domicile, une voiture était toujours à sa disposition : il n'était pas rare de voir la voiture revenir à vide. Lorsqu'il était occupé dans son laboratoire de chimie, il oubliait et la musique et ses élèves. Leur or, tout réel qu'il était, ne lui paraissait rien en comparaison de celui que semblait lui promettre son application à chercher la pierre philosophale. Il y mit quelque persévérance; mais il s'aperçut qu'il travaillait en dupe, et il abandonna le creuset pour se livrer tout entier à la science moins douteuse de la composition.

Un de ses amis qui se livrait, comme lui, à l'étude de la chimie, s'était aussi imaginé que la transmutation des métaux n'était pas chose impossible à découvrir. Il y travaillait avec constance, il y sacrifiait son temps et sa fortune. Il s'était tellement nourri de cette idée qu'il arriverait à un résultat heureux, qu'un jour il annonça à son ami, avec une joie difficile à rendre, qu'il était arrivé au terme de ses combinaisons, et que l'or allait couler pour lui à grands flots. Telle était son illusion, lorsqu'il prit fantaisie à M. Beck de procurer à son ami quelques instans de vrai bonheur, si toutefois c'est d u vrai bonheur que d'avoir de l'or à discrétion. Il choisit l'instant où son confrère en alchimie disposait un nouvel essai; avec adresse il introduisit dans le creuset un double louis, et le résultat de l'opération ne fut plus chimérique. Le lingot qui en provint fut touché, reconnu de bon aloi, et dès lors des extravagances et un délire tel, que le chimiste avait perdu sa gravité, dansait et forçait son ami à danser avec lui. On peut dire qu'il y eut absence de raison, la parole lui manqua même pendant dix minutes, et ce ne fut qu'avec de grands ménagemens que M. Beck parvint à faire cesser chez son ami cet état de stupidité.

Lorsque le chimiste eut repris le calme de ses sens, M. Beck lui avoua la supercherie ; il fallut un long raisonnement pour le convaincre; mais enfin il y parvint, et il lui démontra qu'il y avait folie à sacrifier le positif pour se livrer à des recherches désavouées par la saine raison, plus encore que par l'expérience.

Après la mort de M. Beck, il fut question d'attacher un souvenir à sa mémoire; M. Ponto, sculpteur-statuaire, arrivé récemment de Rome, reçut des autorités mission d'exécuter le buste du compositeur, d'après un portrait d'enfant, seul modèle qu'il fût possible de mettre sous ses yeux. L'entreprise était difficile, aussi le statuaire n'atteignit-il pas le but proposé, et, quoiqu'il en fût décidé ainsi par la commission chargée d'apprécier le mérite du travail, l'artiste ne reçut pas moins la récompense promise, son talent n'ayant pu triompher des difficultés qui ne permettaient pas d'arriver à la ressemblance.

Il fallait cependant réaliser, s'il était possible, le projet qui avait été conçu, de placer le buste de M. Beck dans une des salles du grand théâtre, et la même commission qui n'avait reconnu ni les traits, ni la physionomie de M. Beck, dans le buste de M. Ponto, décida qu'une souscription serait ouverte en faveur de l'artiste qui parviendrait à faire, de mémoire, la ressemblance de ce célèbre musicien.

Il y avait près de vingt mois que cette souscription était ouverte, et personne ne s'était présenté au concours.

J'avais vécu dans l'intimité de M. Beck ; je l'avais plus particulièrement cultivé sur la fin de sa carrière. Tout en lui était dans mes souvenirs, et j'entrevoyais la possibilité de réussir ; mais, si à quinze ans j'avais eu quelques notions de la sculpture, je ne m'y étais pas adonné depuis, et il me paraissait téméraire de tenter une pareille entreprise, non dans la crainte d'échouer, quant à la ressemblance, mais certain que j'étais de manquer aux règles de l'art, dont je n'avais pas fait l'étude. Je me hasardai ; je fis taire mes scrupules, et je dus m'en féliciter, car mon travail, sous le rapport de la ressemblance, je m'explique, ne parut rien laisser à désirer à M. Bonfin, architecte de la ville et président de la commission, et à M. Lacour, peintre justement renommé, qui en était l'un des membres.

Le premier modèle fut placé selon sa destination, après avoir été l'objet d'une apothéose sur la scène. M. Blache père, maître de ballets, dont le nom seul est un éloge, avait été chargé d'en faire les dispositions. Il eut le bon esprit de tout préparer pour le jour de la représentation à son bénéfice. La chambrée fut plus que complète, la recette s'en ressentit, puisque le bénéficiaire eut 5,000 francs à toucher; le buste fut unanimement salué avec acclamations, et le modeste artiste, humblement retiré dans un des lieux les plus obscurs de la salle, eut néanmoins sa bonne part des éloges, et il ne fut pas peu surpris agréablement quand il entendit la lecture du quatrain suivant, qui avait été jeté sur la scène au milieu du plus grand enthousiasme :

« Vingt mois s'étaient enfuis ; du dieu de l'harmonie
« L'illustre rejeton n'enchantait plus ces lieux,
« Lorsque Saget, guidé par son heureux génie,
« De Beck créa les traits, les rendit à nos vœux. »

La famille, les amis de M. Beck, et ils étaient en grand nombre, voulurent avoir des bustes sur le même modèle : une souscription fut ouverte, et je m'y associai avec d'autant plus de plaisir que j'étais tout ému et de la bienveillance dont je venais d'être honoré, et de la récompense pécuniaire qui m'avait été généreusement accordée, et des pleurs que j'avais vu répandre aux petits enfans de l'honorable compatriote que je venais en quelque sorte de faire revivre parmi nous; pleurs qui avaient pris leur source dans le souvenir des caresses qu'ils avaient reçues de leur aïeul, et qui témoignaient assez de l'exactitude de mon ciseau.

Encouragé par ce premier succès, je me livrai dès-lors à la sculpture avec beaucoup d'ardeur; je me perfectionnai dans cet art, et je fis successivement, le plus souvent de mémoire, les bustes des personnes les plus honorables du pays; de ce nombre M. le général baron d'Armagnac, M. le général comte Partounneau, le vénérable archevêque d'Aviau de Sanzay, M. l'abbé Goudelin, monseigneur l'évêque d'Angoulême, M. le baron d'Haussez, M. Laferrière, avocat, M. le marquis de Bryas, M. Gautier, pair de France, madame la duchesse Decazes, l'immortel Montesquieu, le duc de Wellington, mademoiselle Declerck, M. l'abbé Freyssinous, M. Bonnard, architecte de l'empereur, le baron Janin, etc., etc. Ces bustes, à peu d'exceptions près, furent offerts par moi en témoignages de souvenirs. Mais si je parvenais à rendre la ressemblance, ce n'était pas sans chercher les occasions de me rencontrer fortuitement avec les personnes dont je voulais reproduire l'image. J'en citerai quelques exemples :

M. l'abbé Goudelin avait dirigé avec un grand succès l'école des sourds et muets à Bordeaux. Il venait d'être appelé à succéder à Paris à M. l'abbé Sicard. Ses disciples et ses amis désiraient avoir son portrait; mais comment l'obtenir de cet homme aussi modeste qu'il était savant? M. Gauthier, l'un des instituteurs de l'école, me proposa de faire le buste de mémoire ; je connaissais bien M. Goudelin de réputation, mais je ne l'avais jamais entrevu. Je me hasardai à me présenter chez lui; je lui demandai la faveur d'assister à l'une des séances qu'il donnait à ses élèves, et là j'eus l'occasion de l'examiner tout à loisir, mais sans affectation et de manière à ne rien laisser pénétrer. Une fois ses traits dans mes souvenirs je pris congé de lui, je rentrai aussitôt chez moi, je mis la main à l'œuvre et j'eus bientôt fait mon esquisse ; une seconde entrevue me parut nécessaire. Elle me fut ménagée par M. Gauthier, à la suite d'un dîner que M. Goudelin avait accepté chez lui, et c'en fut assez. Le buste terminé fut apporté à l'école; les exclamations des élèves attestèrent la ressemblance, et je reçus de M. l'abbé Goudelin la lettre que voici, et dont je conserve l'original, autant comme modèle de style que comme un témoignage honorable pour moi :

Bordeaux, le 28 octobre 1822.

L'Instituteur en chef des Sourds-et-Muets,
A M. SAGET, artiste.

MONSIEUR,

« En vous offrant mes sincères remercîmens, permettez-moi de repousser vos éloges. Je ne suis rien moins qu'un grand homme. Votre ciseau s'est mépris; mais s'il a mal choisi son sujet, il a racheté cette faute par une nouvelle preuve de talent, dont votre réputation n'avait pourtant pas besoin.

« Je reconnais ici l'ouvrage de l'amitié : c'est elle qui a emprunté votre main pour conserver mes traits.

Il suffisait à mes vœux, qu'ils restassent gravés dans le cœur de mes amis, et le mien ne me permettait pas d'en douter.

«Quant au public, je n'avais rien fait pour mériter son attention. S'il a pu prendre quelque intérêt à mon image, c'est l'habileté de l'artiste qui en a tout l'honneur; je serais ridicule de penser autrement.

«En me rappelant les circonstances qui m'ont offert à votre vue, j'admire davantage la sûreté du coup d'œil dont la Providence vous a doué. J'étais loin de penser alors qu'il y eût autre chose qu'une rencontre fortuite. Continuez, Monsieur, à exercer le beau talent que vous joignez à tant d'autres, mais que je puisse l'admirer sans rougir.

« J'ai l'honneur d'être, avec la plus grande considération,

Monsieur,

Votre très humble et très obéissant serviteur,

Signé GOUDELIN. »

J'ai habité quelque temps la ville d'Angoulême. J'y fus appelé pour exécuter des travaux hydrauliques qui devaient donner de l'action à une grande entreprise. Celui qui en avait la direction ne put la soutenir, et puisque j'étais établi sur les lieux avec ma nombreuse famille, je dus songer à y utiliser mon industrie, au lieu de me déplacer de nouveau à grands frais.

Les usines sont très multipliées dans les environs de cette ville, et je devais tout attendre de l'esprit industriel des habitans. Les vieilles habitudes sont difficiles à vaincre, et ce ne fut pas sans peine que je parvins à introduire quelques inovations utiles (1).

Cette ville, baignée par la Charente, manquait d'eau sur le plateau qui domine le cours

---

(1) Angoulême, le 28 décembre 1827.

Je reconnais que M. Saget, mécanicien, m'a réparé et remonté un cylindre et fait un autre cylindre avec l'écrou de cuivre : que cette confection et réparation a été faite à la perfection ; que j'ai été très satisfait de leur travail. En foi de quoi lui ai délivré le présent pour lui servir ce que de droit. .

HENRI LACOURADE.

de cette rivière. J'offris d'élever telle quantité qui serait nécessaire ; j'indiquai mon procédé, l'essai en fut fait, le résultat justifia les espérances que j'avais données, et il ne s'agissait plus que de disposer l'Administration à voter les fonds suffisans pour couvrir la dépense. Pour préparer cette entreprise, il me fallait un associé, bailleur de fonds ; un négociant avec lequel je m'étais trouvé en rapport, m'offrit son concours. Je me livrai à sa bonne foi, je le croyais capitaliste, il ne l'était pas, et l'affaire par son fait ne put être suivie sur le moment. Il me devait des dommages-intérêts pour défaut d'accomplissement des conventions qui le liaient. Un procès fut engagé, je le gagnai, et ce qui n'arrive que trop souvent aux plaideurs, j'en fus pour mes frais, la déconfiture de mon adversaire ayant fait cesser tout moyen d'exécution.

J'avais confié le soin de ma défense à M. Laférière, alors avocat à Angoulême, aujourd'hui avocat près la cour royale de Bordeaux. Sa plaidoirie fut belle, entraînante. Plein de son éloquence, je rentre dans mes ateliers, et je fais son buste tel que mon imagination me présentait l'orateur. Je le lui envoyai : il me remercia dans une épître en vers qui trouve ici sa place, et qui est précédée d'un article extrait de la feuille publique qui s'imprimait alors à Angoulême :

« Toute la v ile d'Angoulême fut témoin de l'expérience que fit il y a plus d'un an M. Saget, artiste de Bordeaux ; ce fut en effet un spectacle assez extraordinaire que les eaux de la Charente jaillissant comme par enchantement sur le plateau d'Angoulême.

« Qui pourrait le croire? cet artiste désintéressé, qui seul peut-être est capable de rendre à peu de frais le service inappréciable de créer des fontaines sur une élévation presque démesurée, cet artiste, après avoir lutté contre la nature, a eu à soutenir un autre genre de combat; heureusement que le génie vient toujours à son aide.

« Un négociant de cette ville, spéculant sur l'industrie de M. Saget, était convenu avec lui de certains faits qu'il est inutile de développer; heureusement encore pour la gloire de l'artiste, que ces faits étaient subordonnés à des conditions dont l'accomplissement n'a pu avoir lieu. C'est dans ces circonstances que M. Saget recourut à la pénétration, aux lumières et à l'éloquence de M. Laférière, avocat, trop connu dans cette ville pour que son éloge soit ici nécessaire.

« Il s'agissait de ramener à exécution un contrat dont les termes ambigus pouvaient exposer un artiste distingué à perdre tout le fruit de son travail, dont sa partie aurait pu profiter.

« Nous ne rappellerons pas l'enthousiasme qui s'empara de tout l'auditoire, à l'audience du 29 mars 1828, lorsque l'avocat, entraîné par la générosité de son client, exalta en termes éloquens une grandeur d'âme peu ordinaire. Un père de famille peu fortuné, refusant de communiquer ses plans à un gouvernement étranger, qui les lui faisait demander avec des offres considérables ! Avons-nous besoin de retracer ici l'éloquence forte et lumineuse qui animait M. Laférière, lorsqu'il environnait un enfant du génie des palmes qui doivent ceindre son front ?

« Il est à regretter qu'il ne se soit point trouvé un sténographe qui pût recueillir cette brillante péroraison.

« Nos concitoyens apprendront sans doute avec plaisir que M. Saget n'a pas voulu se trouver au dessous des inspirations et des éloges de son interprète. Ému par les expressions et les pensées qui avaient électrisé l'auditoire avec lui, il se rend à son atelier, pétrit l'argile, et à l'instant, sans modèle, il crée le défenseur de sa cause, tel qu'il l'avait vu, tel que le beau idéal lui avait présenté le panégyriste du génie.

« Nous ne craignons pas de blesser la vérité en disant que le talent du statuaire a réalisé toutes ses conceptions. Nous plaçons ici le remercîment en vers que M. Laférière a cru devoir lui adresser. »

EPITRE AUX RIEURS,

Sur mon buste fait par M. Saget, sculpteur de Monsieur le Dauphin et Madame la Dauphine.

Qui ? moi, faible avocat, inconnu de la terre ;
Qui ? moi, je suis sorti des mains d'un statuaire ?

Non, non ; à mes dépens, messieurs, ne riez pas ;
Je n'ai jamais posé sous l'œil d'un Phidias ;
Au supplice bien doux d'une lente copie,
Jamais je n'ai plié ma fausse modestie ;
Et si plusieurs, du fond de leur obscurité,
Veulent bien se léguer à la postérité,
Je ne partage point leur libérale audace ;
Borné dans le présent, je me tiens à ma place.
A la toile, au ciseau j'imposerais un droit.
Grand Dieu ! quoi de commun entre un grand homme et moi ?
Rien. Mais on vous a vu, du barreau membre étique,
Respirer orgueilleux dans un buste à l'antique ;
Et Saget, par son cœur noblement emporté,
Vous lance de ses mains à l'immortalité.
Plaider pour un artiste est plaider pour la gloire.
Voler du tribunal au temple de mémoire !
Oh ! messieurs les rieurs, de moi prenez pitié !
J'ai vu mon buste... hélas ! je suis pétrifié !
D'un cœur reconnaissant le généreux délire
A versé sur mes traits la flamme qui l'inspire.
Ma nature vulgaire au sublime a touché.
Que faire ? le modeste et l'homme effarouché ?
L'artiste qui, domptant les eaux de la Charente,
D'Angoulême a vaincu la hauteur menaçante,
A bien pu m'élancer dans la sphère du beau.

Mais l'onde est retombée à son humble niveau ;
Avec les flots courans elle a fui confondue.
Mon image élevée, à moi redescendue,
Ainsi disparaîtra dans les vulgaires flots ;
Mais le buste vivra séparé du héros.
Saget, des souvenirs évoquant la puissance,
D'un modèle à saisir dédaigne la présence ;
Seul, avec sa pensée, et libre imitateur,
Il ennoblit des traits qu'il porte dans son cœur.
De l'amant des beaux arts tel est le vrai génie ;
A la réalité son goût pur se marie ;
Fidèle à l'idéal, il crée en un instant
Et donne à la nature un voile transparent.

« Je prie M. Saget d'agréer l'hommage de ces vers comme un faible témoignage de mon admiration pour son beau talent.

« Son dévoué.

Signé LAFÉRIÈRE, avocat. »

Je ne manquais pas d'amis dans cette ville, je puis même dire de protecteurs. Je dois surtout des souvenirs à M. Guigou, évêque, et à M. Sazerac Deroche, qui m'ont constamment donné des marques de bienveillance. Et cependant telle a été à mon égard l'ingratitude de l'Administration, qu'elle n'a pas même daigné m'appeler au concours, quand il s'est agi de réaliser l'élévation de l'eau, et la préférence est ainsi échappée à moi, qui le premier avais eu la pensée de doter les Angoumoisins d'un aliment qu'ils avaient sous les yeux, et non sous la main, ce qu'atteste assez le procès-verbal dont voici la copie fidèle :

MAIRIE D'ANGOULÊME (CHARENTE).

Extrait des Registres de la Mairie d'Angoulême.

ÉLÉVATION
DE L'EAU DE LA CHARENTE
SUR LA PLACE DE BEAULIEU.

L'an mil huit cent vingt-sept, le jeudi dix-sept mai, vers les quatre heures du soir, a eu lieu, à Angoulême, une expérience hydraulique pour faire élever un certain volume d'eau de la Charente sur le plateau de Beaulieu, afin de prouver la possibilité de pouvoir établir des fontaines publiques dans cette ville, située à une grande élévation au dessus du niveau ordinaire des eaux de la Charente.

Voici les principaux faits qui ont donné lieu à l'essai tenté aujourd'hui, et qui a été couronné du plus heureux succès.

Depuis un certain nombre d'années, la sollicitude de l'administration s'est tournée vers ce grand but d'utilité publique, et plusieurs préfets se sont occupés de donner de l'eau à la ville d'Angoulême, dans l'intérêt de la salubrité, et surtout pour arrêter les incendies qui peuvent être si désastreux pendant la sécheresse, lorsque les puits de la ville cessent presque tous de fournir de l'eau.

C'est dans ces vues philantropiques que M. le baron Boissy-d'Anglas, en 1812, et M. le vicomte de Villeneuve-Bargemont, en 1820, avaient sérieusement pensé à réaliser ce projet, en employant le bélier hydraulique de M. Montgolfier, pour élever l'eau de la petite rivière de l'Anguienne sur le plateau de la ville, du côté de la porte du Secours, cet habile ingénieur, qui fut appelé à Angoulême, ayant pensé que la Charente, vis-à-vis de la place de Beaulieu, n'offrait pas assez de chute pour obtenir la force motrice nécessaire à l'application du bélier.

Tous ces projets sont restés sans exécution par le manque de fonds nécessaires.

Les choses étaient dans cet état, lorsque, le 17 mars 1827, M. Pelletreau, négociant à Angoulême, offrit au conseil municipal de cette commune, au nom d'une société anonyme, de faire toutes les avances pour la construction d'un château d'eau sur la place de Beaulieu, à vingt pieds au dessus du niveau du sol, et d'y conduire, au moyen d'une machine hydraulique de l'invention de M. Saget, une quantité de cinquante mille litres d'eau par vingt-quatre heures, ainsi que d'établir des tuyaux de conduite pour alimenter sept fontaines placées dans divers quartiers de la ville.

Pour le paiement de cette dépense, M. Pelletreau demande une somme de 150,000 fr., payable d'année en année, à partir de 1830 ; il se chargera d'entretenir la machine moyennant 2,000 fr. par an, à commencer du jour où elle sera terminée ; l'intérêt des 150,000 fr. d'avances devant également courir à partir de la même époque.

Ces projets, soumis au conseil municipal, ont été renvoyés à une commission composée de plusieurs membres du conseil et de MM. les ingénieurs civils et militaires employés dans la ville d'Angoulême; et c'est devant cette commission, en présence de Monseigneur Guigou, évêque d'Angoulême, de M. le marquis de Marnière-de-Guer, préfet de la Charente, de M. le baron de Chasteignier, maire, et d'un grand nombre de fonctionnaires du gouvernement du roi et d'habitans de cette commune, qu'a eu lieu l'expérience dont nous allons rendre compte.

Le petit modèle de la machine hydraulique de M. Saget était placé dans une caisse carrée de deux pieds de hauteur sur trois pieds de largeur ; cette caisse a été plongée dans la Charente, en face la rue de l'Abattoir, et le mécanisme ayant été mis en mouvement par la seule force d'un homme employé à faire tourner une roue de six pieds de diamètre, l'eau de la Charente s'est rendue, dans l'espace de six minutes, sur le plateau de Beaulieu, à une distance diamétrale de sept cent trois pieds, et à trois cents pieds d'élévation au dessus de son niveau.

Les tuyaux d'ascension étaient en cuivre d'une demi-ligne d'épaisseur, et ils avaient un pouce de diamètre. A l'extrémité du tube, on a adapté une lance de pompier, et l'eau ayant été ainsi comprimée à sa sortie, elle s'est élancée avec plus de force, à vingt pieds de distance du bord extérieur de la lance, ce qui a généralement donné à penser qu'à une aussi grande distance de la prise d'eau, on aurait pu commander un incendie.

Toutes les personnes présentes ont fréquemment donné des marques de leur satisfaction sur l'heureux résultat de l'expérience faite de la machine hydraulique de M. Saget, mécanicien, appelé à Angoulême.

De tous les faits ci-dessus il a été dressé le présent procès-verbal, qui sera inscrit sur les registres de la mairie d'Angoulême.

Une expédition en sera délivrée à M. Saget.

Angoulême, à l'hôtel-de-ville, le 17 mai 1827.

Signé le baron de Chasteigner, Maire.

Vu pour légalisation de la signature de M. Chasteigner, maire d'Angoulême.

Angoulême, à l'hôtel de la préfecture, le 17 juin 1827.

Le secrétaire-général, chevalier de Saint-Louis,

Signé Deplas.

Je m'arrête à ces deux exemples. A l'égard des autres bustes, improvisés comme ceux dont je viens de faire l'historique, je dois laisser parler les personnes à l'intention desquelles ils ont été conçus, et je transcris quelques unes des lettres qui m'ont été adressées ; deux extraits du *Mémorial Bordelais* trouvent ici également leur place.

Aux eaux de Saint-Sauveur, le 29 juillet 1817.

Monsieur,

C'est avec surprise que j'ai appris qu'un statuaire avait bien voulu s'occuper de moi, et avait fait mon buste d'une ressemblance parfaite. Vous êtes ce statuaire, vous avez la bonté de m'en donner l'avis, je ne puis que vous en témoigner ma reconnaissance. Son exposition peut vous être utile ; si elle peut être agréable à vos bons concitoyens, que j'aime de tout mon cœur, et qui daignent avoir pour moi de l'estime et de l'attachement, je vous autorise à en faire ce que vous jugerez convenable. Comme Toulousain et comme artiste distingué, veuillez agréer l'assurance de mes sentimens affectueux.

Le Général commandant la dixième division militaire,
Signé Le Comte PARTOUNNEAU.

ACADÉMIE ROYALE DES BEAUX-ARTS.

INSTITUT DE FRANCE.

Paris, le 3 avril 1819.

MONSIEUR,

L'Académie royale des Beaux-Arts a reçu avec autant d'intérêt que de reconnaissance le portrait que vous lui avez adressé de M. Bonard. Le souvenir de cet artiste recommandable n'aurait certainement jamais été effacé de la mémoire de ses confrères; mais le portrait que vous en avez fait, en contribuant à rendre son image présente parmi eux, devient une indemnité douloureuse, mais douce en même temps, d'une perte qui sera long-temps l'objet de leurs regrets. La ressemblance de ce buste qui a paru frappante, exige, Monsieur, des remercîmens de plus de l'Académie, qui m'a chargé de vous témoigner à quel point elle est sensible à ce présent, dans lequel elle ne sépare pas du sentiment qui a dicté l'hommage, le talent qui l'a exécuté.

Je vous transmets, Monsieur, l'expression fidèle des sentimens de l'Académie, en vous priant de me croire, avec la considération la plus distinguée,

Monsieur,

Votre très humble et très obéissant serviteur,

Signé QUATREMÈRE DE QUINCY,

Secrétaire-perpétuel de l'Académie.

SCULPTURE.

Paris, le 8 novembre 1824.

Le Ministre de la Justice, à M. Saget, artiste.

Je vous félicite et vous remercie, Monsieur; votre ouvrage me paraît excellent, et je ne saurais vous dire combien il m'est agréable de l'avoir reçu de vous. C'est une chose doublement heureuse pour moi de posséder l'image du plus grand écrivain qui ait illustré mon pays, et d'en être redevable à un artiste qui honore, à son tour, la même province par un talent si ingénieux et si distingué.

Recevez, Monsieur, l'assurance d'une parfaite considération,

Signé comte DE PEYRONNET.

Monsieur,

J'ai reçu le buste de Montesquieu que vous avez bien voulu m'adresser; je vous remercie de ce témoignage de souvenir auquel j'ai été infiniment sensible.

« Je connaissais depuis long-temps votre talent, et cependant votre dernier ouvrage m'a causé une bien agréable surprise. Je suis doublement satisfait de posséder une image aussi parfaite du plus illustre de mes compatriotes, et de la devoir à l'habileté d'un autre.

Recevez, Monsieur, l'assurance de ma considération bien distinguée et bien affectueuse,

Signé DE MARTIGNAC.

Paris, le 10 novembre 1824.

Paris, le 4 novembre 1826.

MONSIEUR,

J'ai vu le buste de Montesquieu que vous avez bien voulu m'offrir, et je vous prie d'en recevoir mes remercîmens.

Cet ouvrage fait honneur à votre talent, et je ne doute pas, d'après son degré de perfection, que le buste du Roi, dont on m'a dit que vous étiez l'auteur, ne soit, par sa ressemblance et sa bonne exécution, digne d'orner les salles d'assemblées des différentes autorités qui jugeraient à propos de se le procurer.

Recevez, Monsieur, l'assurance de ma considération.

Le Ministre Secrétaire-d'état de l'intérieur,

Signé CORBIÈRE.

C'est moi, Monsieur, qui veux vous remercier du buste que vous avez offert à M. de Bryas, car c'est à moi qu'il doit appartenir.

J'espère, Monsieur, que vous ne me ferez pas le chagrin de refuser une bien faible preuve de ma gratitude, et que vous recevrez en même temps l'assurance de mes sentimens distingués.

Marquise DE BRYAS, née LAVIE.

27 mai 1831.

Ce n'est pas ma modestie, Monsieur, c'est la justice que je me rends qui s'alarme du témoignage tout à fait inattendu d'estime que vous avez bien voulu m'accorder. Le peu de bien que j'ai pu faire est si loin de m'avoir donné aucun droit à voir mes traits reproduits par votre habile ciseau, que je frissonne à la seule idée que l'on pût soupçonner, de ma part, la prétention la plus éloignée à un hommage si disproportionné avec ce que je peux valoir. Mais je n'en suis pas moins profondément reconnaissant des sentimens qui vous ont inspiré l'idée de me l'adresser ; et en vous priant de me garder le secret d'une récompense si fort au dessus de mon mérite, je viens vous dire que je l'accepte, comme une preuve de votre bienveillance et de votre estime, avec une vive gratitude.

Recevez l'assurance de ma haute considération.

J.-E. GAUTIER.

Bordeaux, le 11 novembre 1831.

Paris, le 25 décembre 1834.

MONSIEUR,

Le buste de l'immortel auteur de l'Esprit des Lois, que vous avez eu la bonté de m'offrir, est un bel ouvrage ; il fait beaucoup d'honneur à l'artiste qui l'a exécuté. Je lui présage un grand succès.

Je serai charmé, Monsieur, de pouvoir vous témoigner ma reconnaissance et ma haute estime, en faisant connaître au Roi ou à ses ministres, un artiste aussi distingué que vous par ses talens et son patriotisme.

Le Lieutenant-général, aide-de-camp du Roi, député du Jura,

Baron DELORT.

Extraits du Mémorial Bordelais.

BEAUX-ARTS.

M. Saget, sculpteur breveté de LL. AA. RR. Mgr. le duc d'Angoulême et *Madame*, connu par des productions intéressantes, vient d'exposer dans son atelier le buste d'un officier-général [1] très connu à Bordeaux; il n'y a qu'une opinion sur la parfaite ressemblance de ce portrait, et sur la manière avec laquelle l'artiste a saisi le mouvement de physionomie de son modèle; mais à ce mérite s'en joint un bien plus grand encore pour les connaisseurs, c'est celui de l'exécution. On a peine à concevoir comment M. Saget, dont les études ont été si peu suivies, a pu s'élever à cette

[1] M. le général d'Armagnac.

correction : il y a des progrès incalculables entre cet ouvrage et ceux du même artiste qui l'ont précédé. Nous ne saurions trop l'encourager à cultiver son talent; il est presque le résultat de ses dispositions naturelles et de son esprit d'observation ; c'est une raison de croire qu'en l'exerçant il le perfectionnera.

On dit que la vue du buste qui fait l'objet de cette notice a engagé plusieurs personnes à demander à M. Saget de modeler leur portrait.

Les amateurs s'arrêtent, depuis quelques jours, chez M. Maggi, marchand d'estampes, pour y contempler un buste de Montesquieu, que M. Saget, sculpteur de LL. AA. RR. Monseigneur le Dauphin et Madame la Dauphine, y a exposé. Ce buste est de grandeur naturelle, et reproduit avec un rare bonheur toute la physionomie, toute la finesse de détails du modèle d'après lequel il a été exécuté : ce modèle, qui orne l'une des salles principales de la bibliothèque de Bordeaux, est l'un des ouvrages les plus remarquables de Lemoyne, artiste qui unissait un grand talent à une extrême modestie. Rien ne prouve que ce célèbre sculpteur ait vécu avec l'auteur de l'Esprit des Lois, et il y a même lieu de croire qu'il ne l'avait pas vu.

D'après une lettre du fils de Montesquieu, M. le baron de Secondat, écrite de Bordeaux, le 25 mars 1765, au comte de Guasco, on voit que l'illustre écrivain avait constamment refusé de se laisser peindre. On sait seulement que ce ne fut que pour plaire à son ami Guasco, qu'il se décida à donner quelques fugitives séances à un peintre italien qui passait à Bordeaux. Ce portrait, assez ressemblant, dit-on, est resté au pouvoir de celui qui l'avait demandé. Il s'est perdu depuis, et il ne paraît pas qu'il ait servi à Lemoyne, qui se sera plutôt aidé d'une excellente médaille, gravée par un anglais nommé Dassier.

Après la mort de Montesquieu, l'Académie de Bordeaux manifesta le désir de posséder son buste en marbre. La délibération portait qu'il serait sculpté en Italie ; mais M. de Secondat repoussa cette idée, et indiqua Lemoyne comme l'artiste le plus capable de reproduire les traits de son père. C'est sur un portrait commandé par l'Académie française, et sur la médaille dont nous venons de parler, que M. le prince de Beauveau, dont le nom s'associe à toutes les gloires de son époque, devenu commandant de la Guienne en 1765, fit exécuter par Lemoyne, pour en faire hommage à l'Académie de Bordeaux, le buste qu'on y voit aujourd'hui. On rapporte même à ce sujet une anecdote assez piquante. La caisse qui contenait ce buste fut chargée au roulage et accompagnée d'une lettre de voiture portant ces mots : BUSTE D'UN PHILOSOPHE. Un des commis de la douane, préposé aux entrées, arrêta la caisse, parce qu'il n'avait pas trouvé sur son tarif la quotité du droit à percevoir sur cette marchandise. Est-on mieux fixé de nos jours?......

Les recherches que nous avons faites sur ce sujet qui ne peut manquer d'intéresser nos lecteurs, nous apprennent que Ceci, modeleur, résidant à Bordeaux, entreprit, en 1772, un buste de Montesquieu; et quoiqu'il eût sous les yeux le buste de Lemoyne, et qu'il fût aidé des conseils de MM. Risteau et Latapie, qui avaient vécu dans l'intimité du grand homme, il n'a pu faire qu'un ouvrage absolument nul, sous le rapport de la ressemblance et de l'exécution.

Plus heureux que lui, M. Saget s'est identifié avec le chef-d'œuvre que l'Académie lui a permis de copier ; et c'est en réussissant, au delà de toute espérance, qu'il a justifié cette faveur. Le buste qu'il va heureusement multiplier, est donc le seul qui soit digne de l'attention du public : les artistes, les hommes de lettres, les savans de tous les pays, voudront posséder cette belle image de l'immortel auteur de l'Esprit des Lois ; et si sa mémoire est chère à tous les Français, n'est-ce pas parmi ses compatriotes qu'elle doit être l'objet d'un culte particulier?

On assure que M. Saget se propose de dédier ce buste à la magistrature française : elle ne sera pas insensible au sentiment qui a dicté cet hommage ni au véritable talent avec lequel il a été exécuté.

Ce n'est pas parmi les seules notabilités que j'ai pris mes modèles ; je me suis quelquefois élevé plus haut, j'ai eu le titre de sculpteur breveté de M. le Duc et de Madame, duchesse d'Angoulême, et voici à quelle occasion :

Lorsqu'en mars 1814, le prince fut accueilli

à Bordeaux avec cet empressement qui justifiait assez le besoin de la paix pour une population essentiellement commerçante et vignicole, son portrait fut généralement désiré. Sur l'invitation de M. le maire, je me rendis auprès de S. A. R. pour lui demander la faveur de faire son image; il ne me fallait que deux ou trois séances; il s'y refusa, rien encore ne lui donnant des droits à un pareil hommage. J'insistai inutilement, et après quelques instans d'un entretien que je prolongeais avec intention, je dis à Mgr. le duc d'Angoulême, en lui faisant ma dernière salutation : « Vous serez volé, quand même, mon prince, si vous ne l'êtes déjà. » Ce ton d'assurance le fit sourire d'une manière fort gracieuse.

A l'insu de S. A. R. et à la chapelle du château où je fus introduit, j'examinai attentivement les traits de Mgr. le duc d'Angoulême, et son buste fut produit de mémoire.

Ce travail fut achevé en moins d'un mois

J'allai le présenter au prince, qui ne s'y attendait pas ; lui et les personnes de sa suite furent frappés de la ressemblance. Je reçus des éloges et l'assurance que je ne serais point oublié. M. le duc de Guiche, M. le comte de Damas et M. le comte d'Escars me firent en leur particulier des complimens. Sur leur demande, leurs noms furent placés en tête d'une liste de souscripteurs, que M. le préfet et M. le maire m'avaient engagé à ouvrir : les bustes furent livrés à domicile, mais le prix de la souscription est encore à venir.

Mon ciseau produisit ensuite les bustes de S. M. Louis XVIII, de Madame, duchesse d'Angoulême, de S. M. Charles X et de Madame la duchesse de Berry. Je travaillais ainsi pour obtenir des encouragemens ; car de qui pouvais-je les attendre, sinon des princes appelés, par l'élévation de leur rang, à faire fleurir les sciences et les arts ? je fus trompé dans mon attente, peut-être est-ce ma faute ; j'aurais dû solliciter avec instance, au lieu de me reposer sur des titres acquis par un travail de tous les jours, et qui tous les jours amenait des découvertes nouvelles et utiles au pays.

Dans mon esprit inventif, j'avais conçu et exécuté, en 1824, un dévidoir dont l'élgance é ne cédait rien à l'utilité. Les bois étrangers les plus rares avaient été employés à la confection, et je m'étais si bien attaché à le finir, que j'y avais consacré deux mois sans nulle interruption. Il était exposé aux regards, et faisait l'admiration des amateurs dans une salle où étaient rassemblés mes nombreux modèles ; là aussi était la réunion d'une société des Amis des arts constituée à Bordeaux, et composée des hommes les plus distingués de cette ville. M. le baron d'Haussez, préfet de la Gironde, en faisait partie. Qu'il me soit permis de donner un souvenir à ce fonctionnaire, grand administrateur, et de déplorer pour lui et pour le département auquel il fut enlevé, le malheur de son élévation.

M. d'Haussez ne fut pas un des derniers à être frappé de la beauté de ce petit meuble : il le jugea digne d'être offert à une reine, et il me conseilla d'en faire l'envoi à Madame, duchesse de Berry, qui, dans sa générosité, ne manquerait pas de m'accorder un dédommagement digne du rang élevé où elle était placée. M. d'Haussez voulut bien se charger de faire parvenir et agréer cet hommage [1]; et quelques jours après je reçus l'invitation de me rendre dans son cabinet pour recevoir une communi-

---

Bordeaux, le 8 novembre 1824.

Les dépêches adressées par M. Saget à leurs AA. RR. monseigneur le Dauphin, madame la Dauphine et Madame, duchesse de Berri, partiront par le courrier de ce jour; je l'invite à m'envoyer le meuble qu'il destine à Madame, duchesse de Berri, afin que je puisse l'expédier par le même courrier.

Le préfet de la Gironde,

Baron d'HAUSSEZ.

cation. Je fus ponctuel, c'est dans mes habitudes. M. d'Haussez me donna à lire une lettre de madame la duchesse de Reggio qui, de la part de Madame, annonçait la réception de mon dévidoir, dont la beauté, le bon goût et le fini avaient également attiré l'attention de la princesse ; elle désirait savoir ce qui pourrait convenir à l'artiste, ce qui lui serait le plus agréable en retour de sa délicate attention. Je dis à M. le préfet que je ne saurais me permettre de tarifer les libéralités de Madame, et que je recevrais avec infiniment de reconnaissance ce qu'il plairait à S. A. R. de me destiner. L'argent arrive toujours à propos dans la modeste escarcelle d'un artiste, néanmoins une libéralité d'une autre espèce, quelle qu'elle fût, n'eût pas été d'un moindre prix pour moi.

Dans l'embarras du choix, sans doute, Madame, ou plutôt les personnes dont elle était entourée, n'avaient rien fait pour l'artiste. Quelque temps après, lorsque j'eus occasion de me rendre à Paris pour affaires, j'allai voir M. Devèze, gentilhomme de la chambre du roi, qui me reçut en vrai compatriote et qui me donna pour M. Bonnemaison, directeur du musée de Madame, une lettre d'introduction. Je l'apportai aussitôt; je fus introduit, la lettre fut lue, j'appris que mon dévidoir était dans les appartemens de Madame, que lui-même, M. Bonnemaison, l'avait déballé, qu'il n'élevait pas de doutes sur la légitimité d'une récompense; que même il était étonné du retard qu'on avait apporté à me la faire parvenir, et pour me faciliter les moyens d'en connaître la cause, il me recommanda à M. Morel, secrétaire de Madame. Plein de confiance, je me rendis dans le cabinet de ce dernier qui, après les premières politesses, après un accueil qui était pour moi d'un heureux présage, me dit de repasser dans trois jours. Je fus ponctuel; il n'en fut pas ainsi du secrétaire, car sous le prétexte de n'avoir pas reçu d'ordres, je fus successivement éconduit pendant plus de quinze jours.

Dans mon impatience, et pressé de rentrer à Bordeaux, je fis observer à M. Morel que, s'il avait pris la peine de faire connaître à S. A. R. la démarche de l'artiste qui lui avait fait hommage d'un dévidoir, c'eût été assez pour rappeler ses souvenirs. Il reçut mon observation en mauvaise part : il crut même y entrevoir de l'aigreur. Il me dit qu'il s'en plaindrait à la princesse; il alla même jusqu'à me faire des menaces. Ce n'était plus l'homme de notre première entrevue : il n'était plus poli, il était devenu humoriste. De mon côté, je n'étais plus solliciteur; je me sentais humilié et je ne le dissimulai pas. Ce fut dans cette disposition d'esprit que je me retirai en disant : vive le roi quand même ! mais non sans être inquiet sur le sort qui me serait réservé par le secrétaire dont je venais d'encourir la disgrâce. Il n'en fut rien, je revins dans mes pénates, et depuis je n'ai plus entendu parler, ni de mon dévidoir, ni de la récompense qui devait en être le prix, ni même de S. A. R., que par des événemens successifs d'une triste et douloureuse célébrité pour elle.

Mon imagination n'a jamais connu le repos. Tous mes instans sont marqués par des inventions de différens genres, et je suis loin d'être arrivé au terme de mes conceptions ; c'est ainsi que j'ai successivement créé le hache-paille (1),

---

(1) ONZIÈME DIVISION MILITAIRE.

BUREAU DE LA CAVALERIE.

Bordeaux, le 26 août 1821.

Monsieur,

J'ai fait examiner, en présence du lieutenant-général Barbot et de plusieurs officiers de cavalerie, jusqu'à quel point le Hache-Paille que vous avez présenté pouvait être utilisé pour les troupes à cheval.

Il a été reconnu qu'à l'aide de cette ingénieuse machine, mise en mouvement par un homme, et servie par un autre

la machine à égrener le coton (2), celle à ra-

---

homme pour placer et ajuster la paille, on parvenait à couper facilement et dans des proportions uniformes la paille nutritive pour le bétail et pour les chevaux de l'agriculture ; mais il faudrait, pour le service des troupes à cheval, des moyens plus vastes et capables de débiter davantage.

Je pense, Monsieur, qu'au moyen d'une plus grande force motrice, vous pourrez multiplier les couteaux, obtenir un mouvement plus rapide et des produits beaucoup plus considérables.

D'après tout ce que vous avez entrepris, Monsieur, pour être utile à l'armée et à vos concitoyens, et les succès que vous avez déjà obtenus, on ne peut qu'espérer de grands avantages du Hache-Paille que vous nous avez présenté ; si vous voulez vous occuper de son perfectionnement ; je vous y engage beaucoup, l'emploi de cette machine dans les magasins militaires, pouvant procurer de nouvelles économies dans les services de l'armée.

J'ai l'honneur de vous donner, Monsieur, les nouvelles assurances de ma considération,

L'Intendant militaire,
REGNAULT.

battre les ornières, celle à broyer le noir ani-

Extrait du Rapport fait à la Société d'Agriculture de Libourne, sur deux Coupe-Pailles, inventés, l'un à Londres, par M. Weir, l'autre à Bordeaux, par M. Saget.

Messieurs,

Monsieur le duc de Cazes, président honoraire de cette Société, a chargé une commission composée de trois de vos membres, de vous faire un rapport sur les deux coupe-pailles qui ont été mis précédemment sous vos yeux et de les comparer entre eux. Cette Commission vient aujourd'hui vous rendre compte de l'examen dont elle a été chargée.

L'une et l'autre machine se composent, comme vous le savez, d'une auge ou caisse allongée, ouverte par le haut, portée sur quatre pieds, et destinée à loger la paille. A l'un des bouts de cette caisse, et perpendiculairement à sa longueur, sont placés deux cylindres qui, tournant en sens contraire l'un de l'autre, prennent la paille dessus et dessous, et l'entraînent peu à peu pour la présenter aux couteaux. Ceux-ci sont vissés sur les rayons d'une roue, dont l'axe fixé à la

mal (3), celle à faire l'orgeat (4), un moulin à

---

caisse, est dirigé dans le sens de sa longueur. Cette roue est mise en mouvement par une manivelle à laquelle un homme applique sa main ; le mouvement est communiqué aux deux cylindres dont on vient de parler par l'axe de la roue, au moyen d'un engrenage particulier. Tel est le principal mécanisme commun aux deux machines, et dont les détails seuls diffèrent de l'une à l'autre.

Nous allons examiner ces détails, qui nous ont paru assez intéressans pour mériter de vous être rapportés.

D'abord on remarque que si le même homme imprimé par cinq ou six tours de bras à l'une et à l'autre machine, dépourvue de paille, une impulsion assez forte pour que le mouvement se continue après qu'on a retiré la main, la roue de M. Saget fera spontanément trente tours, tandis que celle de M. Weir en fera à peine dix.

Les machines étant toujours sans paille, et la première impulsion leur étant donnée, si l'on mesure l'effort qu'il faut pour continuer le mouvement, on verra qu'il est de cinq à six livres dans celle de M. Saget, et de dix à douze dans celle de M. Weir.

Par ces deux observations, il est manifeste que les frotte-

bras (5), des machines hydrauliques (6), un

---

mens dans le coupe-paille anglais, sont au moins doubles de ceux du coupe-paille français; et on peut l'affirmer avec d'autant plus d'assurance, qu'on a eu la précaution d'huiler avec soin les rouages de l'un et de l'autre avant l'expérience.

Lorsque la paille n'est pas bien pressée dans la machine de M. Weir (et il est difficile qu'elle le soit toujours, comme nous le verrons plus loin), elle plie et elle échappe aux couteaux. Cet inconvénient n'a jamais lieu dans la machine de M. Saget. La forme de ses couteaux, déjà vantée dans un rapport fait à M. le préfet de la Gironde, est telle que la paille ne peut échapper. Il est possible, au reste, que ces couteaux soient plus difficiles à aiguiser que les premiers.

Lorsqu'on introduit la paille dans la machine de M. Weir, on est obligé, pour la faire arriver aux couteaux, de soulever le cylindre supérieur, ce qu'on exécute au moyen d'un lévier adapté le long de la caisse : M. Saget est dispensé de cette manœuvre, parce que ses cylindres saisissent d'eux-mêmes la paille par ses brins les plus saillans.

A l'extrémité du lévier dont on vient de parler, M. Weir

laminoir (7), une brouette à pompe, et cette

---

est obligé d'accrocher un poids de quinze livres, ou de le remplacer par la pression de la main, afin de serrer la paille entre les deux cylindres. M. Saget remplit le même but d'une manière plus simple, au moyen d'un ressort qui, maintenu par le milieu de sa longueur, presse de ses deux extrémités celles du cylindre supérieur.

Il est à remarquer que les cylindres de M. Weir ne peuvent se rapprocher à une distance moindre de 0,042 ; en sorte que s'il n'y a pas dans la caisse une couche de paille au moins aussi épaisse, ils n'ont plus d'action sur elle, et ne peuvent la faire arriver sous les couteaux. Au contraire, les cylindres de M. Saget se rapprochent jusqu'à se toucher, et ils peuvent faire glisser la paille jusqu'au dernier grain.

Nous terminerons ce rapport, Messieurs, en vous priant d'engager M. Saget à perfectionner le mécanisme qui fait tourner les cylindres. Nous espérons qu'il ne nous en saura pas mauvais gré, et qu'il ne verra, dans cet avis, que le désir que nous avons de répandre de plus en plus sa machine qui, sous tous les rapports, nous paraît avoir de grands avantages sur la machine anglaise, et que nous regardons

voiture-moulin, dont l'emploi devait réparer

d'ailleurs comme très utile à l'économie domestique et rurale.

    Signés Beleuvre, Bonnetat et Chayrou.

      Pour copie conforme :

      G. Lacaze, *Secrétaire*.

Nota. Les améliorations indiquées par MM. les Membres de la Commission ont été faites par M. Saget à son hache-paille.

MACHINE A COUPER LA PAILLE.

Société d'Agriculture de Libourne.

Libourne, le 14 mai 1823.

Monsieur,

La Société d'agriculture a entendu, dans sa séance, le rapport de la Commission qu'elle avait chargée d'examiner le Haché-Paille de votre invention, et de le comparer avec le hache-paille anglais, qui lui avait été présenté par M. le

toutes les injustices qui ont constamment

***

duc de Cazes, son président honoraire. Elle a délibéré qu'une copie de ce rapport vous serait adressée, afin que vous puissiez connaître l'opinion de la Société, et apprécier les observations qui lui ont été faites sur cette ingénieuse machine. Je crois n'avoir pas besoin de vous assurer, Monsieur, que les commissaires de la Société ont apporté, dans leur examen comme dans leur rapport, toute l'attention et toute l'impartialité que la justice commandait. La Société attendra vos observations sur ce rapport avant d'arrêter définitivement son opinion.

La Société a examiné d'ailleurs, avec le plus vif intérêt, les pièces que vous avez bien voulu lui adresser, et notamment celles relatives à la Voiture-Moulin de votre invention. Toutes prouvent combien l'honorable réputation dont vous jouissez, Monsieur, et par vos rares connaissances et par vos généreux sentimens, est juste et bien fondée. La Société qui a été très flattée du témoignage d'estime et de confiance que vous avez bien voulu lui donner, a cru ne pouvoir mieux y répondre, qu'en vous priant, Monsieur, d'agréer le titre d'un de ses membres correspondans, et m'a chargé de vous en adresser le brevet. Veuillez l'accueillir avec bienveillance

abreuvé ma vie de soucis, sans que jamais je

---

et le considérer comme une preuve de la haute estime que vous inspirez à la Société, et du prix qu'elle met à vous compter au nombre de ses membres.

J'ai l'honneur d'être avec la considération la plus distinguée,

Monsieur,

Votre très humble et très obéissant serviteur,

G. LACAZE, *Secrétaire*.

---

(2)

Extrait du Rapport présenté par M. Cauvain, dans la Séance du 6 mars 1823, à la Société Linnéenne.

MESSIEURS,

Le 4 mars 1823, la Commission de la Société Linnéenne nommée pour examiner la Machine à égrener le Coton, inventée par M. Saget, directeur du Conservatoire départemen-

me sois abandonné au découragement, malgré

---

tal, à Bordeaux, s'est transportée chez l'inventeur, composée de MM. Teulère, D. M., vice-président de la Société, Soulié, secrétaire adjoint, et Cauvain, titulaire.

La machine examinée avec soin, tant dans l'ensemble que dans les détails, a donné lieu de remarquer la manière simple et ingénieuse avec laquelle M. Saget y a fait l'application d'un procédé qui, quoique déjà connu, présente les avantages dont votre Commission m'a chargé de vous faire un rapport avec une description de la machine.

Huit cylindres en fer, parallèles et divisés par couples horizontales, mus sur leurs axes par une grande roue dentée dont le moteur est une manivelle, plus un volant opposé, destiné à accélérer le mouvement en diminuant la résistance pour le bras de l'homme appliqué à la manivelle; huit cylindres, dis-je, tournant deux à deux et en sens contraires, ainsi que ceux dont on connaît l'emploi dans le laminage des métaux, sont destinés à recevoir le coton encore adhérent à la graine; en sorte qu'une fois la machine en mouvement, le coton passe entre les cylindres en abandonnant sa graine. Votre Commission, Messieurs, a vu avec quelle facilité cette opération a lieu: la graine tombe entièrement dépouillée du

des dépenses considérables qu'il me fallait

coton, et ce procédé a dû vous convaincre qu'il est impossible que jamais une graine passe avec ce même coton. M. Saget nous a assuré que la machine en égrenait soixante kilogrammes (120 livres) par jour. Le mode des hérissons est plus expéditif, mais il n'est pas assurément si propre. De plus, le mécanisme ayant très peu de résistance, un seul homme, avec une force médiocre, le met facilement en jeu.

J'ai pensé, cependant, qu'il fallait que les gens occupés à alimenter les cylindres, eussent l'attention d'écarter les graines dépouillées qui y restaient quelquefois attachées, car à la longue, le passage serait obstrué et la machine tournerait en vain. Cette occupation doit nécessairement ralentir le travail. Ne pourrait-on pas imaginer un moyen pour renvoyer les graines à mesure qu'on présente d'autre coton? La chose ne me paraît pas impossible.

Quoi qu'il en soit, cette machine est, sans contredit, des plus commodes et des moins pénibles. La combinaison en est fort simple; votre Commission a remarqué, surtout, la perfection des cylindres, dont le tournage est toujours si difficile, surtout quand il s'agit de les faire servir à pareille opération. Les extrémités intérieures de leurs axes sont armées

faire pour confectionner mes modèles, dépen-

de pignons mus par une petite roue qui engrène la roue motrice. Le tout est monté sur une charpente en bois, qui ne tient guère plus d'un mètre carré, en place.

Bordeaux, le 6 mars 1623.

Signés B. TEULÈRE, SOULIÉ; CAUVAIN, *Rapporteur.*

La Société, après avoir entendu la lecture du présent rapport, l'adopte; arrête qu'il sera déposé dans les Archives, et qu'un extrait en sera délivré à M. Saget.

Fait en Séance, le 6 mars 1823.

Signé J. F. LATTERADE, *Directeur.*
CHAIGNEAU fils, *Secrétaire.*

(3)
MACHINE
A BROYER LE NOIR ANIMAL.

Bordeaux, le 24 septembre 1819.

A M. Saget, artiste, à Bordeaux.

MONSIEUR,

Je m'empresse de vous annoncer que le Moulin que vous

ses qui le plus souvent étaient prélevées sur mes besoins domestiques.

---

avez établi à la fabrique de noir animal, que je dirige, répond parfaitement aux espérances que vous m'avez fait concevoir, et je viens, Monsieur, vous en témoigner ma vive satisfaction. Ce Moulin donne, par vingt-quatre heures, douze quintaux de noir rendu en poudre très fine, nonobstant la dureté de la matière que je fais broyer; ainsi, je ne doute pas que votre estimable invention ne puisse s'appliquer d'une manière très avantageuse au moulage du blé.

Je suis persuadé que les personnes qui feront établir de vos moulins s'empresseront de rendre justice à votre découverte, et de concourir, par ce moyen, aux progrès des arts et de l'industrie nationale.

Agréez, Monsieur, mes remercîmens et l'assurance de mes sentimens distingués.

Signé J.-B. Couve.

Cette voiture-moulin était plus spécialement

(4)

MACHINE

A FAIRE L'ORGEAT.

Bordeaux, le 24 septembre 1821.

A Monsieur Saget, artiste.

Monsieur,

J'avais eu d'abord peu d'espoir que votre Machine à broyer les amandes pour l'orgeat pût remplir mon attente et réaliser les promesses que vous m'aviez faites à cet égard; mais aujourd'hui que j'ai suffisamment éprouvé cette mécanique et qu'elle me réduit en pâte très fine ou lait d'amande, dans l'espace de dix heures, ce qu'on n'aurait pu obtenir qu'en trois jours d'un travail plus pénible, il est de mon devoir de rendre hommage à votre découverte, et je le fais avec plaisir dans votre intérêt comme dans celui des arts que vous cultivez avec honneur.

Je vous salue affectueusement.

Signé B. Gaudry.

destinée au service des armées; ce fut en 1819

(5)

MOULIN A MOUDRE.

Extrait des Registres des délibérations de l'Académie royale des Sciences, Belles-Lettres et Arts de Bordeaux.

Séance du 6 mai 1819.

Au nom d'une Commission spéciale, M. Leupold donne lecture du rapport suivant :

Messieurs,

La Commission chargée de voir le Moulin à moudre, imaginé et exécuté par M. Saget, s'est réunie dans l'atelier de ce mécanicien.

L'appareil est renfermé dans une caisse en bois de six pieds de hauteur sur quatre pieds de largeur. Les parois de cette caisse ne permettent pas de voir le mécanisme intérieur, et la Commission a dû se borner à vérifier et à apprécier les résultats que donne ce Moulin.

que j'y mis la dernière main. Elle fut soumise

On a mis une certaine quantité de blé dans la trémie placée au sommet de la caisse et extérieurement ; un homme a mis en jeu la manivelle, et après quelques tours, nous avons vu la farine tomber dans une caisse destinée à la recevoir. M. Saget avait annoncé à la Commission qu'il pouvait rendre, à son gré, et dans l'instant, la farine plus ou moins belle, et lui donner à un plus haut ou à un plus faible degré, les qualités qu'on recherche dans le commerce : en effet, la farine tombant du moulin, est devenue de plus en plus douce au toucher, et elle a paru, en dernier lieu, aussi belle que celle fournie par les moulins à eau. La Commission avait cependant remarqué que le blé qui a servi à l'expérience, était de mauvaise qualité et peu propre à donner de la farine marchande : à l'égard de la quantité du produit, elle s'est trouvée d'une livre trois quarts dans cinq minutes (ce qui forme à peu près un hectolitre par huit heures), la machine n'étant servie que par un seul homme.

Ce produit peut être augmenté en donnant plus d'intensité à la force motrice, et le Moulin de M. Saget permet l'application de toutes les forces, depuis l'action d'un enfant jusqu'à celle d'un cheval et même de l'eau qui, à l'aide d'un

à diverses épreuves, et son utilité fut consta

léger changement dans la manière de communiquer la force motrice, peut-être employée à faire tourner la meule. Cette facilité de produire le jeu de la machine, avec des puissances si inégales, est due à un appareil fort simple, qui augmente ou diminue à volonté la quantité de grains qui vient se placer chaque fois entre les meules.

M. Saget a adapté au Moulin un blutoir qui est mis en mouvement par la force elle-même imprimée à la machine; en sorte qu'on peut obtenir à volonté, ou de la farine en rame, ou la plus belle fleur possible ; il n'y a pour cela qu'à fermer ou ouvrir, à l'aide d'une soupape, la communication avec le blutoir. Ce dernier a fourni, devant la Commission, un résultat comparable au plus beau minot. Du reste, le Moulin produit très peu de matières basses, le son est très aplati et dégagé de toutes parties farineuses par la régularité de l'action des meules.

La même machine peut moudre toutes sortes de grains, depuis la fève jusqu'au mil, et cela tient à la facilité avec laquelle on éloigne ou l'on rapproche les meules à volonté.

Les expériences dont il vient d'être rendu compte, ont été faites dans l'atelier de M. Saget, lequel, outre les membres

tée (8). Cependant le gouvernement ne l'a pas

---

de la Commission, réunissait, en ce moment, un grand nombre de curieux. Les commissaires ne pouvaient pas, sans indiscrétion, demander à voir l'intérieur de la machine pour s'assurer que tout avait été prévu, calculé et disposé pour produire et conserver les avantages que M. Saget attribue à son Moulin ; mais il a invité la Commission à désigner l'un de ses membres, en offrant d'ouvrir la machine devant lui, pour qu'il pût en examiner les détails. La Commission a bien voulu me charger de cette mission, et pour la remplir, je me suis rendu à une heure convenue dans l'atelier de M. Saget ; il a eu la complaisance de répéter quelques expériences sur le résultat desquelles il m'était resté des doutes, et il a fait ouvrir le Moulin devant moi. J'ai vu le jeu de la machine et j'ai admiré la simplicité et en même temps la force du mécanisme, et le soin avec lequel M. Saget a, en quelque sorte, assuré ses effets, en cela d'une manière durable.

Sans entrer dans les détails qui me sont interdits, puisque ce Moulin est la propriété de l'auteur, et que le brevet qui doit la lui assurer ne lui a pas encore été délivré, je peux dire que le moyen simple, ingénieux, imaginé par M. Saget, pour caler la meule et la maintenir dans la position la plus

adoptée encore, et j'attends. Est-ce parce que

favorable à son action, paraît parfaitement sûr, et la meule une fois calée, est retenue par une force supérieure à toute cause ordinaire de dérangement, sans que cette force nuise le moins du monde à sa rotation. La machine exécute d'ailleurs facilement tout ce qu'annonce le mécanicien qui l'a construite; on est même étonné de la prévoyance qui a présidé aux détails, soit pour éviter l'évaporation et les pertes, ou que les matières ne s'échauffent par une rotation aussi rapide, soit pour prévenir des frottemens qui, en nuisant à l'action de la force, n'amènent que des déplacemens, toujours si à craindre dans un appareil dont l'effet est dans la vigueur avec laquelle les pièces s'adaptent.

Ce nouveau produit de l'industrie de M. Saget ajoute encore à la réputation qu'il s'est déjà faite par ses talens dans l'invention et l'exécution des appareils de mécaniques. Tous ceux qu'il conçoit et confectionne sont remarquables par une simplicité extrême dans l'idée première, par l'entente parfaite des effets à produire et le choix des moyens, tout à la fois les plus simples et les plus sûrs, d'obtenir ces effets. Ils joignent à cela un mérite, qui n'est pas un des moins appréciables, c'est d'être toujours destinés à des choses utiles;

nous vivons à l'ombre de la paix ? mais il a été

---

et les arts remplissent éminemment leur objet, lorsqu'ils sont dirigés vers quelque but d'utilité publique.

Il résulte de l'examen fait par les Commissaires :

1° La machine de M. Saget rend l'opération si importante de la mouture possible en toute saison, en tous lieux, en tout instant, que la quantité des produits sera toujours bien au delà des besoins du ménage le plus nombreux ; en cela il remédie aux suspensions de service qu'amène le calme de l'air dans les contrées servies par des moulins à vent, et les sécheresses de l'été dans celles qui le sont par des moulins à eau. Il permet l'emploi de toutes les forces grandes ou petites dont on peut disposer ;

2° A même qualité de grains, le Moulin de M. Saget doit donner des résultats pour le moins aussi beaux que ceux fournis par les meilleurs moulins à eau ; il a sur eux l'avantage que son encaissement et les dispositions pratiquées à l'intérieur empêchent toute évaporation ou perte, et évitent que les matières ne s'échauffent ;

3° Il donne des produits dont on peut augmenter ou diminuer, à volonté, la qualité et la quantité ; il peut moudre successivement et sans interruption toutes sortes de grains,

reconnu qu'entre autres avantages, elle offrait

depuis la féve jusqu'au millet. Pour obtenir ce résultat, il suffit d'écarter ou de rapprocher les meules, et cet écart ou ce rapprochement, s'exécutant par un action verticale impri-primée à l'arbre, ne lui fait rien perdre de son aplomb.

4° Le blutoir adapté par M. Saget à son Moulin, lui fait exécuter simultanément, et sans augmentation de force ni perte de temps, deux opérations qui, jusqu'à présent, ont toujours été successives;

5° Le moyen imaginé par M. Saget, pour caler la meule, paraît immanquable. Cette opération se fait en moins de deux minutes, et la meule une fois calée, est retenue par une force supérieure à toute cause ordinaire de dérangement, sans que cette force nuise le moins du monde à la rotation;

6° Les dimensions de ce moulin et la simplicité de sa mécanique, permettent de le placer dans un très petit local; il peut être transporté d'un lieu dans un autre, sans craindre de dérangement; on peut même, en y adaptant une roue à pelle, en faire, avec un très petit volume d'eau, un moulin à eau. Il est construit avec une grande solidité, assurée encore par le choix des matériaux;

7° L'opération de piquer les meules se fait avec la plus

une économie notable, et cela seul aurait dû

grande facilité, puisque l'on n'a besoin que de mettre la meule supérieure de champ, puis la replacer. Cette opération ne doit, au reste, se renouveler que deux fois par an, à cause de la bonne qualité des meules qui sont du plus beau silex;

8° Le produit moyen du Moulin de M. Saget peut être établi comme il suit:

Avec un homme seul, deux hectolitres et demi par jour.

Avec deux hommes, cinq hectolitres.

Avec un cheval, neuf hectolitres environ.

La Commission est d'avis que l'Académie doit voir avec intérêt le Moulin de M. Saget, et encourager les travaux utiles de cet estimable artiste.

Signé à l'original, DUDEVANT, GUYET-LAPRADE, BONFIN, CAMBON; LEUPOLD, *Rapporteur*.

L'Académie, après avoir entendu la lecture de ce rapport, l'adopte ainsi que ses conclusions.

Signé DESCHAMPS, *Président*.
LACOUR, *Secrétaire-général*.
DUTROUILH, *Secrétaire-adjoint*.

faire cesser toute hésitation, et je ne renonce

Bordeaux, le 21 mars 1822.

Je soussigné, déclare, Eugène Sainte-Colombe, natif de Buénos-Ayres, avoir acheté à M. Saget, à Bordeaux, deux Moulins à manége de petite dimension, servant à moudre le blé, que je fis embarquer en juin 1820, époque à laquelle je partis pour Buénos-Ayres. Je les fis monter et mettre en mouvement dès mon arrivée, et ils vont depuis cette époque; je déclare, en outre, que les meules n'ont que vingt-quatre pouces de diamètre, et que, malgré leur petite dimension, elles font chacune, par heure, quarante et quelques livres de farine en rame, quoique le sieur Saget ne m'en ait promis que trente à trente-cinq.

De plus, je certifie qu'il est mis en mouvement par de petits chevaux d'une médiocre force. Je dois dire avec vérité que les anciens procédés, dont on se sert dans le pays, emploient trois fois plus de force et ne font que la même quantité; quant à la qualité de la farine, elle est aussi belle que celle moulue par les moulins à eau, et produit un bénéfice aux consommateurs, ne s'échauffant pas.

En foi de quoi je lui ai délivré le présent.

Signé E. Sainte-Colombe.

pas à parvenir à mon but. Quelques réparations

(6)

RAPPORT

De M. Tourneur *sur la Pompe établie dans le puits de l'Évêché, par M.* Saget.

Messieurs,

Sur la demande que vous en a faite M. Saget, artiste mécanicien nouvellement arrivé à Angoulême, où il se propose de fixer sa résidence, vous avez nommé une Commission pour examiner une pompe que ce mécanicien a inventée et établie dans le puits de l'Evêché. Votre Commission, accompagnée de M. Saget, s'est occupée de cet examen ; mais elle ne peut vous entretenir que des effets de cette pompe et de l'appareil bien simple qui fait mouvoir la machine sur le mécanisme de laquelle il y eût eu de l'indiscrétion de demander des détails à l'auteur, puisqu'il se propose d'exploiter à son profit cette propriété due à son génie. La principale pièce de cette pompe, ou pour mieux dire, la pompe même, est placée au fond du puits, un peu au dessus

à faire au modèle retardent seules l'instant où

du niveau de l'eau, et à cent dix pieds au dessous de la surface du sol. Tout près de l'ouverture du puits est établi un volant sur un arbre coudé mis en jeu par une manivelle. Cet arbre coudé imprime, dans sa rotation, un mouvement d'oscillation à un levier, à l'extrémité duquel est attachée une chaîne qui, descendant dans le puits le long d'une de ses parois, va faire jouer la pompe à cent-dix pieds de profondeur. Sur la paroi diamétralement opposée est fixé, par plusieurs tenons scellés dans le mur, un tuyau d'ascension d'un pouce de diamètre, qui part de la pompe, et par lequel monte l'eau qui, par un jet continu, vient sortir au dessus de la margelle. Telle est, Messieurs, l'ensemble de la machine dont le mouvement nous a semblé se faire à peu près comme celui d'un soufflet que tire un forgeron, et dont l'effet est aussi prompt; car au premier mouvement de la manivelle, l'eau, comme le vent qui sort du soufflet, jaillit aussitôt et sans interruption avec plus ou moins d'impétuosité, selon la vitesse avec laquelle on tourne la manivelle; parce que, sans nul doute, une soupape placée à la base du tuyau d'ascension, y retient une colonne d'eau permanente. La médiocrité de la force qu'il faut lui appliquer, a surtout fixé l'attention de votre

je la ferai fonctionner en public ; alors on re-

Commission. Un enfant de dix ou douze ans pourrait facilement et sans se fatiguer beaucoup, la tourner pendant un certain temps. L'inventeur, sans nier qu'il faudrait plus de force si on voulait élever l'eau davantage, assure neanmoins qu'en la portant, à l'aide du même tuyau, à quarante pieds plus haut, la force motrice en plus serait si peu de chose que, dans l'application, on ne s'apercevrait pas de son augmentation. Un tuyau de cuir armé d'une lance de pompier, a été adapté à l'orifice du tuyau de plomb par où arrive l'eau, et dans l'instant elle a jailli à vingt ou vingt-cinq pieds, malgré les sinuosités de ce tuyau : d'où il résulte que si l'on en employait un plus long, terminé par une pomme d'arrosoir, on pourrait porter commodément les arrosemens dans toutes les parties du jardin où cette sorte de pompe serait établie. La quantité d'eau qu'elle donne par heure est, d'après les observations faites, de cinq barriques, en supposant que la manivelle fasse quarante tours par minute, et que le tuyau d'ascension n'ait qu'un pouce de diamètre. On conçoit que si ce diamètre augmentait, la quantité d'eau fournie serait plus grande, mais qu'aussi il faudrait une force plus considérable pour faire mouvoir la machine. Que d'a-

connaîtra, car il faudra céder à l'évidence, que

vantageux résultats ne doit-on donc pas en attendre, lorsqu'elle a pour moteur une roue mue par une chute d'eau!

Puisse l'invention de M. Saget être assez heureuse pour hâter le moment tant désiré de voir les eaux de la Charente s'élancer jusqu'au sommet de notre montagne, et porter, dans les différens quartiers de notre jolie cité, la santé, la fraîcheur et la sécurité! la sécurité! car, qui de nous ne frémit à l'horrible idée d'incendie! Déjà un élégant et beau Palais de Justice, digne d'embellir la capitale, orne notre ville; d'autres édifices publics s'élèvent, ou vont s'élever de toutes parts. Ah! tremblons en songeant qu'ils peuvent devenir la proie entière d'un feu dévorant et destructeur, avant qu'un secours prompt et efficace puisse arrêter les rapides progrès des flammes! Tremblons et précipitons nos pensées vers les moyens conservateurs, de l'efficacité desquels il est dans nos attributions de nous occuper, en attendant que l'état florissant des finances municipales permette à nos sages et zélés administrateurs d'exécuter le projet si intéressant, si éminemment utile de faire couler l'eau sur nos places publiques. M. Saget, Messieurs, semble, à cet égard, nous offrir de grandes espérances. La pompe que votre Commis-

si ma voiture-moulin peut rendre de grands

---

sion a été chargée d'examiner, n'est que le prélude d'une expérience plus importante qu'il se propose de faire d'une manière solennelle, et par laquelle, d'après l'assurance qu'il en donne, il portera, avec la plus grande facilité, l'eau de la Charente sur le point culminant de notre plateau. Acceptons-en l'heureux augure, Messieurs, et accueillons avec intérêt et bienveillance les promesses de cet artiste déjà avantageusement connu par diverses inventions utiles, notamment par sa Voiture-Moulin dont il me charge de vous mettre sous les yeux la lithographie, et dont il a refusé la concession à un général d'une puissance étrangère, lui faisant observer qu'il était Français ; et que son pays devait seul profiter du fruit de son industrie. Enfin, Messieurs, pour mieux vous faire connaître M. Saget, je citerai un passage du Rapport sur son Moulin à blé, fait en mai 1819, par M. Léopold, à l'Académie royale des Sciences et Arts de Bordeaux, où ce savant professeur s'exprime ainsi :

« Ce nouveau produit de l'industrie de M. Saget, ajoute
« encore à la réputation qu'il s'est déjà faite par ses talens
« dans l'invention et l'exécution des appareils de méca-
« niques. Tous ceux qu'il conçoit et confectionne sont re-

services aux armées en campagne, elle n'est

« marquables par une simplicité extrême dans l'idée pre-
« mière, par l'entente parfaite des effets à produire et le
« choix des moyens, tout à la fois les plus simples et les plus
« sûrs d'obtenir ces effets. Ils joignent à cela un mérite, qui
« n'est pas un des moins appréciables, c'est d'être toujours
« destinés à des choses utiles; et les Arts remplissent émi-
« nemment leur objet, lorsqu'ils sont dirigés vers quelque
« but d'utilité publique. »

Angoulême, le 1er décembre 1826.

Je déclare avec justice et avec plaisir, en faveur de M. Saget, mécanicien, domicilié à Angoulême, que je suis complé-
tement satisfait des ouvrages qu'il a fabriqués pour moi, et
qu'il a établi dans la maison que j'habite une pompe capable
d'élever, d'une profondeur de 110 pieds, de cinq à six barriques d'eau par heure, avec la plus grande facilité. L'honnêteté
de M. Saget, autant que son industrie, me font faire des vœux
pour la prospérité de son commerce : elle sera assurée, je
pense, s'il a des occasions de faire connaître ses talens.

Signé † P., Evêque d'Angoulême.

pas moins propre à l'usage des garnisons. Elle

Angoulême, le 25 avril 1827.

Je soussigné certifie en faveur du talent de M. Saget, artiste mécanicien et hydraulicien, qu'il a établi dans ma maison une machine hydraulique de sa création, aspirante et foulante, prenant l'eau au fond de ma cave et la montant au sommet d'un château-d'eau construit à cet effet dans la cour, qui donne une élévation de 40 pieds, à partir du point de puisage. Cette machine donne aisément, par la force d'un seul homme, trente barriques d'eau à l'heure, et est disposée de manière à prévenir les ravages de l'incendie sur trois points différens de ma maison. Dans ce cas, l'ascension de l'eau est portée, avec la plus grande facilité, à 15 pieds de plus de l'élévation. A l'aide du réservoir contenu par le château-d'eau, donnant un cube de vingt barriques, M. Saget a disposé, dans divers endroits de ma maison, douze robinets donnant de l'eau à volonté et de continu, ce qui rend ma maison très agréable. Il est à remarquer qu'au pied d'un escalier situé dans ma cour, est établi un obélisque auquel on adapte un tuyau d'ascension contre l'incendie ; que cet

aurait été exposée en 1834 avec les produits

---

obélisque est surmonté d'un jet d'eau s'élevant à plus de 15 pieds au dessus du niveau de la cour.

Signé M^l CHAMBAUD j.

Angoulême, le 1er juin 1827.

Je soussigné certifie que M. Saget m'a établi une pompe aspirante et foulante capable d'élever l'eau, par la force d'un enfant, cinq à six barriques à l'heure à 60 pieds de son niveau, et dont je suis très satisfait.

Signé Eugène GROBOT.

Angoulême, le 3 septembre 1827.

Je certifie que M. Saget, mécanicien, nous a fait une bonne et jolie pompe qui peut nous donner une barrique d'eau en cinq minutes.

Signé Sœur AIMÉE DE MARIE, Supérieure.

Angoulême, le 3 septembre 1827.

Je soussigné certifie que M. Saget a établi chez moi une pompe aspirante et foulante qui monte l'eau à 50 pieds et qui

de l'industrie, et j'avais fait mes dispositions

---

donne six barriques d'eau à l'heure. La pompe est très bien établie et très douce.

Signé SAZERAC, Directeur des Messageries.

Je soussigné certifie que M. Saget, artiste mécanicien et hydraulicien de cette ville, a établi dans ma brasserie de Saint-Cybard, une pompe ou machine hydraulique de sa création, aspirante et refoulante, prenant l'eau à 40 pieds de profondeur et la portant, à ma volonté, dans le contour de mon établissement, et susceptible, par la force d'un seul homme, de donner dix barriques d'eau à l'heure. La machine est bien établie et me satisfait parfaitement.

Signé F. BOITEAU, neveu.

Angoulême, le 10 septembre 1827.

Nous, soussigné maire de la commune d'Amberac, canton de Saint-Aman-de-Boixe, arrondissement d'Angoulême, certifions à qui il appartiendra, que M. François Saget, mé-

pour qu'elle fût transportée à temps; mais

canicien à Angoulême, a établi dans notre propriété une machine hydraulique de son invention, donnant douze à quinze barriques d'eau à l'heure; que la machine est tellement bien montée, qu'un enfant de six ans la fait mouvoir très facilement, et qu'elle élève l'eau de 36 à 40 pieds de hauteur.

En foi de quoi j'ai délivré le présent certificat.

Signé DUBOSQUET.

Amberac, le 15 décembre 1828.

Je soussigné certifie que M. Saget, mécanicien, a établi dans le puits de notre maison une machine hydraulique de son invention, capable d'enlever six barriques d'eau à l'heure par la force d'un enfant de quinze ans, à 90 pieds au dessus de son niveau. Ladite machine a été mise en place dans le mois de mars 1828; elle est en mouvement depuis cette époque sans qu'on ait fait aucune réparation.

En foi de quoi j'ai délivré le présent pour lui servir au besoin.

Signé CHARLEROUX fils.

Ruffec, le 20 juin 1829.

l'entrepreneur de roulage qui s'était chargé de

Je soussigné certifie que M. Saget, artiste-mécanicien, a établi un mécanisme de son invention à une ancienne pompe à deux corps placée dans le puits qui, par la force d'un homme, élève à une hauteur de 70 pieds la quantité de dix à douze barriques d'eau à l'heure, et qu'avant cette opération il fallait employer la force de deux à trois hommes.

Signé Conte, aubergiste.

Ruffec, le 16 octobre 1829.

Je soussigné déclare hautement et avec plaisir, parce que c'est avec vérité, que M. Saget, artiste et mécanicien, a placé dans l'établissement qui m'est confié une machine hydraulique de son invention, et que non seulement il a rempli les engagemens qu'il avait souscrits avec moi, mais qu'il a mis dans l'exécution de son ouvrage, un honneur, une délicatesse, un désintéressement qui méritent vraiment des éloges. Je me plais à publier ce témoignage mérité de ma satisfaction et du talent que j'ai reconnu dans M. Saget.

Signé Levé, Supérieur.

Pons, le 21 juin 1830.

la faire rendre ne fut pas exact à remplir son

Je soussigné déclare, pour rendre hommage à la vérité, que M. Saget a posé chez madame Jouet, ma belle-mère, demeurant à Ville-d'Avray, une pompe pour laquelle il est breveté.

Cette pompe donne un jet d'eau continu par un tube rond d'un pouce de diamètre. Elle va chercher l'eau à une profondeur de 40 pieds, la porte à une hauteur de 100 pieds et au dessus, et elle est mue par un homme qui n'emploie pas la moitié de sa force.

Les procédés de M. Saget, sa fidélité scrupuleuse à remplir ses promesses, me font un devoir de lui donner cette déclaration pour propager, autant qu'il est en moi, sa belle découverte, et rendre hommage aux qualités de cet artiste recommandable.

Signé Barbier Jouet.

Paris, le 18 novembre 1835.

mandat. Un procès s'en est suivi, et les faibles

PROSPECTUS.

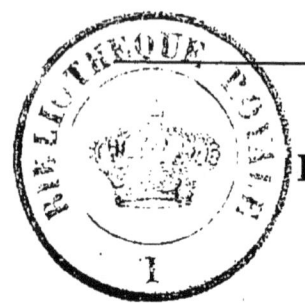

La mécanique fait tous les jours de nouveaux progrès ; c'est le résultat des recherches des artistes qui s'y livrent. M. Saget est de ce nombre, et ses études l'ont conduit à inventer une Machine Hydraulique au moyen de laquelle l'eau, qu'on va chercher au besoin à cent mètres de profondeur, est élevée à telle hauteur qu'on désire au dessus du sol. Cette machine, déjà mise en pratique dans les environs de Paris, n'a rien laissé à désirer aux personnes qui en ont fait l'acquisition : de ce nombre madame Jouet, à Ville-d'Avray, et une grande quantité de commandes pour la belle saison prochaine, attestent assez la réalité de ses avantages.

M. Saget et M. Hector Ledru, réunis en communauté, ont obtenu pour cette machine un brevet d'invention de quinze ans qui est exploité sous la raison Mecklenburg et Ce, mais toujours, quant aux travaux, sous la direction exclusive de M. Saget, qui est spécialement chargé de la confection et de la mise en place des machines. Ses ateliers sont dans ce moment abon-

dommages et intérêts qui m'ont été alloués par

damment pourvus et rien n'empêche que les ordres qui seront transmis ne soient immédiatement exécutés.

Quoique la société Mecklenburg et C se charge de faire rendre dans les départemens les commandes qui lui seront faites, néanmoins elle serait assez disposée à céder le droit d'exploiter le brevet dans telle ou telle localité. C'est ce qu'elle propose en même temps qu'elle offre de satisfaire à toutes les demandes qui lui seront faites, de quel lieu qu'elles viennent.

La machine est simple : elle ne se compose que de deux pièces, l'une qui est scellée dans l'eau et l'autre à l'orifice du puits. Ces deux pièces sont mobiles à volonté. Leur action est telle qu'indépendamment de l'usage journalier, on peut, en cas d'incendie et sans le secours d'autres pompes, paralyser les dangereux effets du feu, en arrêter même immédiatement les ravages, et suppléer ainsi à la lenteur apportée trop fréquemment dans les secours que commandent ces sortes de sinistres.

Le cuivre et le fer entrent seuls dans la confection des machines.

La force d'un enfant de 12 à 15 ans, pendant une heure de travail, suffit pour élever de 100 pieds de profondeur par un tube d'un pouce de diamètre, treize cent cinquante litres

le tribunal de commerce de Paris, après deux

---

d'eau, qui sans autre effort, sont portés à la hauteur voulue.

Si le tube a dix-huit lignes de diamètre, il faut la force d'un homme, et pendant le même temps de travail on obtient deux mille cent cinquante litres d'eau au moins.

Si le tube a deux pouces, il est nécessaire que l'homme chargé de faire fonctionner la machine soit robuste, et l'on n'obtient pas moins de quatre mille litres à l'heure.

Enfin on peut faire usage d'un tube de trois pouces de diamètre et obtenir une quantité indéterminée d'eau; mais alors il est plus positif d'employer un manége de l'invention de M. Saget. Ce manége est en fer fondu, simple, élégant, solide toutefois et en forme de temple.

Les machines sans les tuyaux, celles dont le tube a un pouce de diamètre sont du prix de. . . . . 1,000 fr.

Celles dont le tube a 18 lignes. 1,500

Celles dont le tube a 2 pouces 2,000

Celles enfin dont le tube a 3 pouces, avec et compris le manége 3,000

(Le tout pris dans les ateliers.)

L'entrepôt où sont exposées les machines est à Paris, rue Montholon, n° 24 : il est ouvert tous les jours non fériés.

ans d'attente, ont été loin de compenser le retard et les dégradations.

Les propositions et les demandes doivent être adressées, également à Paris, à M. Mallet, rue St.-Georges, n° 2, et à M. Rousse, rue Cadet, n° 16.

---

(7)

LAMINOIR

PROPRE A LAMINER LE FER.

Bordeaux, le 10 août 1825.

Monsieur Saget,

Nous venons vous donner les renseignemens que nous vous avions promis sur la confection de la machine que vous aviez entreprise pour nous. Le Laminoir que vous avez établi à nos forges de Pouteux a rempli le but que nous nous proposions, c'est-à-dire la promptitude dans la fabrication des petits fers

Je me suis toujours livré sans défiance,

---

dits de Martinet. Dans l'espace de quinze jours, nous avons réduit environ trois cents quintaux de barreaux de quatorze lignes en carré cinq et six lignes, qui, redressés au martinet, ce qui est extrêmement prompt et facile, sont fort jolis et exempts de défauts. A l'avantage d'une fabrication prompte, il est juste d'ajouter que nous avons remarqué que cet étirage du fer offre bien moins de déchet que par le martinet.

Nous devons, Monsieur, vous remercier des soins que vous avez apportés à la mise en activité de cette machine, et nous donnerons à cet égard, aux personnes qui nous les demanderont, des renseignemens qui ne peuvent être qu'en votre faveur.

Nous avons l'honneur de vous saluer.

Signé VIELLE et FILS, frères.

négligeant parfois les conseils de l'amitié (9).

―――――

(8)

VOITURE-MOULIN.

Bordeaux, le 3 décembre 1819.

Monsieur Saget, *mécanicien, inventeur de la Voiture-moulin pour le service des armées.*

Monsieur et Ami,

Je vous ai dit plusieurs fois que ceux qui avaient rendu compte de votre moulin, dans les journaux et ailleurs, me paraissaient loin d'en avoir démontré tous les avantages, et que ceux qui ne la jugaient utile que pour les armées en campagne, en méconnaissaient l'utilité et la plus grande propriété. Les paroles sont fugitives et ne laissent qu'un souvenir vague qui s'efface bientôt; permettez-moi de démontrer ici les avantages de votre invention dans la plus profonde paix. Chargé à 25 ans du service sur deux armées, les Pyrénées et l'Italie, ayant fait à cette époque quatre-vingt mille quintaux de farine et un mouvement de plus de trois cent mille quin-

Je n'ai pas cessé de croire que la franchise

taux de blé en moins de cinq mois, j'ai pu entrevoir dans votre nouvelle invention des aperçus d'utilité que d'autres n'ont pu y connaître : je ne les consigne ici que pour que vous puissiez les faire valoir en votre nom, lorsqu'il sera question de votre belle invention. Ainsi, sans publier la présente, sans même m'en accuser réception, ce qui est inutile, ne faites note de son contenu que pour le faire valoir sous votre nom, lorsque l'autorité s'occupera de vous.

Je suppose que chacun des bataillons qui compose une légion, soit fort de 800 hommes et la légion de 2,400, il faut 2,400 rations de pain par jour, ou 3,600 livres, qui font le produit d'environ 24 hectolitres de blé, en ne mettant le moulage et les frais qu'à un franc l'hectolitre, ce qui est peu dans le midi, le bénéfice du meûnier et les déchets réels ou fictifs à autant, il résulte que la légion gagnera 48 fr. par jour, ou 17,520 fr. par an, c'est-à-dire bien au dessus du prix des *trois Voitures-Moulins* dès la première année.

En attachant à chaque légion autant de Voitures-Fours, bien plus faciles à concevoir et à exécuter, le bénéfice sera bien plus considérable, et il en résulterait :

1º. Que le gouvernement aurait l'avantage de l'économie sur le moulage et la manutention.

était dans tous les cœurs comme elle était dans

2°. Qu'on exercerait les hommes à des travaux utiles, qui au sortir de la légion, leur conserveraient un état.

3°. Q'on entretiendrait la vigueur et l'activité des troupes.

4°. Qu'au lieu d'avoir un pain noir et mal fait, les troupes auraient un excellent pain, puisqu'elles le feraient elles-mêmes et que le gouvernement en fournirait les élémens.

5°. Que les militaires s'attacheraient d'autant plus au drapeau qu'un instinct naturel nous lie davantage aux garanties de l'existence : voyez le serviteur chez son maître, et l'enfant chez son père.

6°. Et enfin qu'au moment d'entrer en campagne, l'administration serait délivrée de la plus grande inquiétude de la guerre, le soin de monter des manutentions à la suite des armées, et n'aurait plus à penser qu'aux approvisionnemens en grains toujours plus faciles.

Jamais invention plus parfaite n'est sortie du cerveau de l'homme. Parfaite en son ensemble, dans ses résultats, dans son exécution et dans les services qu'elle peut rendre : on ne l'a pas appréciée du tout.

Votre dévoué serviteur,

Signé : Quinton.

le mien, et presque continuellement abusé,

Paris, le 3 mars 1820.

Monsieur Saget, *à Bordeaux.*

Je devais vous écrire depuis quelque temps, mais j'ai retardé jusqu'aujourd'hui, parce que j'ai voulu mieux connaître les dispositions du ministère relativement à votre Voiture-Moulin.

Si je n'avais vu que M. le baron Evain, j'aurais pu vous donner les espérances les plus flatteuses pour le succès de vos démarches à la guerre, car on ne peut être plus pénétré que lui de la perfection de votre Voiture-Moulin, et il ne doute pas que la commission qu'il a chargée à Bordeaux d'examiner cette voiture et de la faire manœuvrer de toute manière, ne fasse au ministre un rapport qui justifie complètement tout ce que je lui en ai dit, et je n'en doute pas plus que lui, puisque M. de Lescour fait partie de cette commission.

M. Evain m'ayant observé que l'opinion de M. le comte Dejean, directeur général des subsistances militaires, aurait la plus grande influence sur la décision du ministre, je me suis empressé de le voir, mais je dois vous avouer que je l'ai trouvé mal disposé et qu'aucuns raisonnemens n'ont pu le ramener.

je n'en suis pas moins resté confiant. J'ai de

Il n'y a que pour une guerre en Russie, disait-il, qu'un semblable moyen de mouture pourrait être employé, et il regarde comme impossible de la présumer jamais. Dès lors il prétend qu'il n'y a pas lieu à faire usage de ces voitures, quels que soient d'ailleurs les résultats, les plus avantageux qu'on puisse en espérer.

Il serait donc à désirer, dans l'intérêt de votre entreprise, que la commission ne bornât pas son rapport à justifier l'emploi de votre Voiture-Moulin, et qu'elle développât tous les avantages de vos moulins portatifs. Il me paraîtrait possible d'en obtenir l'essai dans de grands établissemens, tels que les invalides et les écoles militaires, lycées, etc. Voyez, agissez pour arriver à ce résultat. Aussitôt que j'aurai de vos nouvelles à cet égard, je continuerai les démarches convenables.

Recevez la nouvelle assurance de mon sincère attachement.

Signé : Declerck.

Nous ne pouvons donner la description de cette machine intéressante, puisqu'elle est encore la propriété de l'inven-

l'énergie : elle ranime mes espérances, et main-

teur ; mais on jugera de son utilité par la lettre suivante, adressée à Son Exc. le Ministre de la guerre.

Bordeaux, le 25 avril 1820.

MONSEIGNEUR,

J'ai reçu la lettre que Votre Excellence m'a fait l'honneur de m'écrire le 14 du mois de février passé, par laquelle elle me prescrit de faire faire, sous ma surveillance, diverses épreuves d'un Moulin-voiture inventé par M. Saget, mécanicien de cette ville, qui annonce que la machine de son invention peut être de la plus grande utilité pour le service des armées en campagne.

J'adresse sous ce pli, à Votre Excellence, le procès-verbal dressé par M. le sous-intendant militaire Ware, qui constate que les épreuves auxquelles le Moulin-voiture devait être assujéti ont eu lieu d'après les instructions de Votre Excellence et en présence des personnes indiquées dans sa dépêche. Par le prochain courrier je lui adresserai un échantillon de la farine produite par le procédé de M. Saget, et deux pains confectionnés avec cette farine.

tenant que je suis fixé au centre des arts, tout

Il résulte des travaux auxquels la Commission s'est livrée, que M. Saget est parvenu à construire un moulin qui peut moudre en marchant, sans que les difficultés des chemins puissent déranger son mécanisme, et que cette même machine devient, en station, un moulin à bras qui présente des produits d'une qualité au moins égale à celle des usines qui sont mises en action, soit par l'eau ou par les vents. Ces avantages assurent déjà au moulin de M. Saget une supériorité bien reconnue sur tous ceux qui ont été proposés jusqu'à ce jour pour le service de la guerre. Des perfectionnemens, reconnus possibles par l'artiste même, laissent une espérance fondée d'obtenir des résultats en quantité plus considérables, et plus de facilité dans l'exploitation de la machine, soit par la diminution de son poids, soit par le perfectionnement du mécanisme qui met en mouvement.

De cet état des choses l'on peut conclure que, si des moulins portatifs peuvent être utiles dans une armée agissante, ceux de M. Saget réunissent les avantages que l'on peut en espérer, soit par leur solidité, soit par leurs produits.

Le principe d'utilité une fois reconnu, Votre Excellence le soumettra sans doute à la méditation des militaires, si les

voisin de ceux qui par leur haute position sont

---

inconvéniens que présente l'augmentation des équipages des armées ne détruisent point les avantages que l'on pourrait retirer des Moulins-voitures. Certainement cette nouvelle machine ne doit point être considérée comme un moyen exclusif de mouture, et la quantité qui pourrait en exister dans une armée, ne devrait point être en rapport avec sa force; mais il me paraît que la guerre présente des situations où des moyens de moudre toujours sous la main de l'armée qui agit, peuvent rendre inutiles les efforts de l'ennemi pour entraver sa marche, en l'inquiétant sur sa subsistance par la destruction des usines qui pourraient l'assurer, en appliquant la nouvelle invention à des mouvemens partiels des troupes; il me paraît également qu'elle pourrait déterminer des opérations que la crainte de compromettre la subsistance des troupes de l'expédition empêche quelquefois d'entreprendre. Si l'on se reporte aux événemens de la dernière guerre, je pense qu'il serait possible d'y trouver des circonstances où les observations que j'ai l'honneur de soumettre à Votre Excellence auraient trouvé leur application.

M. Saget est également l'auteur d'un Moulin à manége qui n'a été signalé dans le procès-verbal que d'une manière indirecte,

appelés à les protéger, à les encourager, je me

attendu que les membres de la Commission d'examen du Moulin-voiture n'ont pas cru devoir s'écarter des instructions de Votre Excellence, qui n'avaient pour objet que cette machine; mais j'ose me flatter qu'elle approuvera les recherches que j'ai cru devoir lui soumettre sur cette invention de M. Saget.

Secondé par M. Bourguenot, directeur des vivres de la division, j'ai fait faire et j'adresse à Votre Excellence une description du Moulin à manége; j'en ai supposé l'application à la citadelle de Blaye. M. Bourguenot a établi des calculs qui présentent des résultats économiques qui me paraissent devoir être pris en considération, et qui peut-être pourraient être augmentés par l'expérience. Cependant, quoique ces économies, plus généralement appliquées, puissent devenir un objet important pour le ministère de Votre Excellence, j'avoue que cet avantage ne m'a séduit que d'une manière secondaire. Sans vouloir me livrer à des idées d'innovation, qui souvent égarent leurs auteurs, je conçois que le Moulin à manége de M. Saget, que j'ai vu agir et produire, peut devenir de la plus grande importance pour la défense des places de guerre. Son mécanisme est celui des moulins ordinaires, perfectionné par un nouveau calage des meules qui assure d'une manière inébranlable leur parallélisme: sa mise

rassure sur mon avenir, et je suis moins soucieux sur celui de ma nombreuse famille.

---

en action, au ieu d'être l'effet de l'eau ou du vent, est produite par un cheval qui marche avec beaucoup de facilité dans un manége.

La problème de moudre sans le secours de l'eau ou du vent étant résolu, il est facile d'apprécier les circonstances où la nouvelle invention peut être appliquée.

Le Moulin à manége m'a donc paru d'une utilité positive, puisque le succès de cette invention présente d'abord une économie réelle à l'administration de la guerre, également applicable en temps de paix ou en temps de guerre. Dans cette dernière position, les approvisionnemens des places deviendront plus faciles et moins sujets aux détériorations qui attaquent les farines, surtout lorsqu'elles sont réunies en grandes quantités. Sous le point de vue exclusivement militaire, une place inopinément investie pourrait facilement s'approvisionner et se préparer à soutenir un siége ; une sortie, un secours qui aurait pour but un ravitaillement, pourrait s'exécuter avec plus de promptitude et de facilité, puisqu'une simple introduction de grains remplirait le but que l'on se serait proposé.

Ainsi, un approvisionnement ou un ravitaillement pourrait

Mes deux fils marchent honorablement sur

avoir lieu presqu'aussitôt que le projet en aurait été conçu, et le temps qui a une si grande influence dans les opérations mili-litaires, serait, pour ainsi dire, assujéti à l'industrie humaine. Je m'aperçois que j'aurais dû me borner à annoncer à Votre Excellence, que M. Saget avait trouvé les moyens de moudre sans l'action du vent ou de l'eau ; que ces moyens produisaient le même résultat que ceux employés jusqu'à ce jour pour la mouture. Ce simple exposé, soumis à l'expérience de Votre Excellence, aurait suffi pour lui faire apprécier les avantages et les conséquences de la nouvelle invention, et pour provoquer un examen approfondi de la machine à moudre qui a valu à M. Saget un brevet d'invention.

Cet artiste, déjà recommandable par des inventions appro-priées aux arts et au commerce, mérite la protection de Votre Excellence, non seulement par l'utilité que présente son talent, mais encore par les sentimens qu'il professe.

J'ai acquis la certitude que lord Lindola, lieutenant-général des armées britanniques, a offert de lui acheter son Moulin-voiture, et qu'il lui en a refusé la vente, en lui observant qu'il était Français et que le gouvernement de son pays devait seul profiter du fruit de son industrie.

mes traces, le jeune s'adonne avec succès à la

Daignez, Monseigneur, agréer les expressions de mon profond respect.

Pour l'Intendant militaire alors en mission :

Le Sous-intendant militaire,

Signé Garin.

(*Extrait de l'Ami des Champs, etc.* — Mai 1823.)

---

(9)

Au quartier-général de Pau, le 25 ventôse an XIII.

Brenier (Montmorand), *Général de brigade, l'un des commandans de la légion-d'honneur et commandant la subdivision des Basses-Pyrénées,*

A M. Saget, facteur d'instrumens, à Bordeaux.

J'ai reçu de vos nouvelles avec grand plaisir, mon cher Saget ; j'ai lu avec intérêt les détails de vos succès, et je ne doute pas qu'avec votre talent, vous n'en obteniez davantage

sculpture, et l'aîné, élève de feu M. Bordier-Marcet, inventeur des appareils d'éclairage par procédés paraboliques, a succédé à ce savant généreux, conjointement avec l'un de ses amis, élève comme lui de cet homme de bien, sous la raison Campiche et Saget.

Pendant mon séjour à Bordeaux, j'ai pu me

---

par la suite. Si j'ai cependant un conseil à vous donner, c'est en travaillant pour votre gloire de ne pas oublier vos intérêts, parce qu'on ne couche pas dans sa gloire, pas plus que le sourd dans son écu. J'attends avec impatience le petit ouvrage que vous m'avez annoncé, c'est un présent que je destine à ma femme, qui partagera sincèrement avec moi ma reconnaissance pour votre aimable attention.

Adieu, mon cher Saget, je vous aime et vous embrasse de tout mon cœur.

BRENIER.

rendre utile dans des emplois purement honoraires (14).

---

(10)
PRÉFECTURE DE LA GIRONDE.

Bordeaux, le 25 mars 1820.

Je vous adresse, Monsieur, sous ce pli, une expédition de mon arrêté de ce jour, qui vous nomme inspecteur pour procéder à la visite des voitures publiques, conformément à l'art. 2 de l'ordonnance du Roi du 4 février, dont un exemplaire est ci-inclus.

Afin de vous mettre en état de procéder à cette opération, je vous enverrai, à l'expiration du délai fixé aux entrepreneurs pour faire leur déclaration, un relevé de ces mêmes déclarations.

Je compte sur votre zèle pour concourir à l'exécution des mesures prescrites par cette ordonnance.

J'ai l'honneur d'être,

Monsieur,

Votre très humble et très obéissant serviteur,

Le Préfet de la Gironde,

TOURNON.

J'ai également travaillé à propager le goût

Bordeaux, le 19 avril 1822.

Monsieur,

Son A. R. Madame se rendra mardi prochain à Blaye par le bateau à vapeur la Gironde, deux autres bateaux à vapeur l'accompagneront.

Avant que ces embarcations se mettent en marche, je désire que leur mécanisme soit examiné. J'ai chargé M. l'ingénieur en chef des ponts et chaussées de cet examen, et j'ai pensé que vous voudriez bien vous joindre à lui pour y prendre part.

Si vos occupations vous permettent de coopérer à cette opération qui aura lieu lundi, je vous serai obligé de demander à M. l'ingénieur en chef l'heure à laquelle vous devrez le rejoindre.

Recevez, Monsieur, l'assurance de ma parfaite considération.

Le Préfet, Cte de Breteuil.

des arts (15); mais mes tentatives ont été en

Bordeaux, le 21 mai 1823.

Monsieur,

J'ai l'honneur de vous adresser une expédition de mon arrêté de ce jour, qui vous nomme membre de la Commission instituée par l'ordonnance royale du 2 avril dernier, pour la visite des bateaux à vapeur et de leur machine.

Je connais tout votre zèle pour ce qui intéresse le service public, et j'ai pensé qu'il ne pourrait que vous être agréable de faire partie d'une Commission qui aura à s'occuper d'un objet aussi important.

Recevez, Monsieur, l'assurance de ma parfaite considération.

Le Préfet de la Gironde,
Comte DE BRETEUIL.

Bordeaux, le 23 septembre 1825.

Monsieur,

J'ai l'honneur de vous adresser un exemplaire de chacune des deux instructions publiées par *ordre* de M. le directeur-

pure perte, malgré l'espèce de protection accordée à mon projet.

────────────────────

général des ponts et chaussées, sur la fabrication des chaudières des machines à haute pression et sur l'usage de ces machines.

Je vous invite, Monsieur, à vouloir bien veiller à ce que les précautions indiquées par ces instructions soient observées à bord des bateaux à vapeur où ces machines sont en usage.

Recevez, Monsieur, l'assurance de ma parfaite considération.

Le Maître des requêtes, Préfet de la Gironde,

Baron d'Haussez.

────────────────────

(11)

Unissant nos suffrages à celui des personnages et des négocians distingués, soussignés, Nous, autorités principales de Bordeaux, certifions que monsieur Saget, sculpteur, statuaire, luthier et mécanicien, si connu par son zèle infatigable à cultiver les arts utiles, est de bonne vie et mœurs ; qu'il est d'une persévérance extrême pour ce qui regarde l'invention et le

Si je n'ai pas toujours triomphé de l'oubli, si mes efforts n'ont pas été secondés, si au fort

---

perfectionnement des machines, l'amélioration et les progrès de l'industrie nationale. Ainsi, non seulement nous approuvons le projet qu'il a de fonder à Bordeaux une école des Arts-et-Métiers, mais nous attestons encore qu'il mérite la protection et l'encouragement de la part de l'autorité supérieure et inférieure et des maisons les plus recommandables de ce département. Nous ajoutons avec plaisir, que personne ne nous paraît plus apte et plus capable que lui pour diriger l'établissement dont il s'agit, et nous regardons le succès comme certain, si cet artiste est favorablement secondé dans son entreprise : en foi de quoi :

Bordeaux, ce 1er janvier 1832.

Signés :

Le préfet de la Gironde, comte de Préissac; l'archevêque de Bordeaux, † Jean de Cheverus; le maire de Bordeaux, marquis de Brias; le premier président de la cour royale de Bordeaux, Roullet; le général commandant la 11e division militaire, baron, Jamin; de Barthez; Hervé; Cuson; Galos fils; Bignon; St.-Roch; Maillères; Garin; Stanislas

de la puissance de M. Jacques Laffitte, je n'ai pu, même à l'aide de la recommandation de ses amis, me faire entendre, malgré diverses tentatives qui toutes étaient de nature à captiver son attention, d'autres ont soulagé mon cœur par leur touchante aménité. Que de consolations n'ai-je pas trouvées auprès du vénérable apôtre dont les Bordelais pleurèrent la perte en 1826, et qui a été si dignement remplacé par monseigneur de Cheverus! De quelle protection n'a pas cherché à m'environner

---

Ferrière ; Portal jeune ; Sarget; J. Brun ; J. E. Gautier; P. B. de Pontet père; Mathieu; Bouchereau; H. Ducos; B. Lopes Dubec ; Gautier aîné ; Tieffé ; Garin père, sous-intendant militaire ; L. Maitre, trésorier de la ville ; Henri Fonfrède ; A. Cabarus ; Dufaure; J. Loste; Santa-Coloma; C. Balguerie; Raymond; Henri aîné; Et. Couderc ; Ed. Bethman et compagnie ; Edouard Southard ; Degrange Tousin.

M. Jacques Galos, dont la généreuse influence sauva M. le vicomte de Curzay de l'exaltation populaire ! Avec quelle bienveillance M. le comte de Peyronnet, M. le vicomte de Martignac et M. le baron d'Haussez n'ont-ils pas aidé et favorisé mes essais ! Et ce brave général d'Armagnac, ne l'ai-je pas toujours trouvé dans les positions les plus difficiles de ma vie, alors que tant d'autres m'auraient repoussé avec une froide pitié ! Et cet excellent ami, M. Declerck, la providence des malheureux, que ne lui dois-je pas ! S'il savait ouvrir sa bourse à l'homme obscur qui l'implorait, il ouvrait aussi ses coffres pour arrêter les dangereuses conséquences des crises financières, et maintes fois le commerce de Bordeaux a eu à lui rendre des actions de grâces. J'ai vécu dans son intimité, j'ai été témoin de tout le bien qu'il a fait, de toutes les souffrances qu'il a soulagées dans le mystère. J'ai su toute la part qu'il réservait aux artistes, ainsi je pourrais donner des développemens à la louange; mais ce serait trahir sa modestie, et ce besoin de déférence impose silence à mon admiration.

J'écrivais ce journal pour le léguer à mes enfans. Je n'avais nullement l'intention de lui donner de la publicité. Simple dans mes mœurs, peu jaloux de renommée, je voulais continuer ma vie dans l'obscurité; mais l'envie qui ne respecte rien, est venue m'avertir qu'il fallait la faire taire, et mon humilité s'est laissée ébranler. Je n'ai pas cédé à l'amour-propre. Je n'ai entendu blesser aucunes susceptibilités. S'il m'est échappé des plaintes, des murmures, mon cœur n'y a pris nulle part. Seulement, j'ai été entraîné par ce besoin pour moi de ne rien dissimuler des impressions qui ont alternativement agité mon ame. Je désire que mes lecteurs rendent justice à mes intentions, et qu'ils reconnaissent dans ce modeste journal la franchise d'un artiste de plus en plus envieux de marcher avec son siècle, et de concourir à la propagation de ce qui peut l'enrichir et l'illustrer.

SAGET.

IMPRIMERIE ET FONDERIE DE A. PINARD,
Quai Voltaire, n° 15.